CARLO MARIA MARTINI

DA BETLEMME
AL CUORE
DELL'UOMO

edizioni terra santa eTS

Per informazioni rivolgersi a:
Edizioni Terra Santa
Via Giovanni Gherardini, 5 - 20145, Milano
Tel. +39 02 34592679
Fax + 39 02 31801980
www.edizioniterrasanta.it
e-mail: editrice@edizioniterrasanta.it

Progetto grafico di Elisa Agazzi

Finito di stampare nel novembre 2013
da Corpo 16 s.n.c. - Bari
per conto di Fondazione Terra Santa
ISBN 978-88-6240-181-4

PREFAZIONE

Dopo essere stato alla guida della più grande diocesi del mondo, quella di Milano, il cardinale Carlo Maria Martini decise di trasferirsi a Gerusalemme. Voleva ritirarsi a pregare e proseguire nell'approfondimento degli studi biblici, proprio nella terra di Gesù. In questa città le pietre trasudano gli eventi del passato, la vita dei padri e dei profeti, ma soprattutto la passione, morte e resurrezione di Gesù. A Gerusalemme c'è il palpito del mondo intero.

Quando venni a conoscenza della decisione del cardinal Martini di venire a vivere nella Città Santa, mi trovavo in Patriarcato, a Gerusalemme, nella veste di economo diocesano. La notizia mi rese felice. Avevo letto molti dei suoi interventi e lo conoscevo come uomo del dialogo con i giovani, i credenti e i non credenti.

Quando giunse qui era in corso la seconda *Intifada*. Erano anni molto difficili, pieni di tensione. Ma lui non ebbe paura, bensì tanta compassione per quanto stava accadendo. Era venuto come pellegrino di pace e in preghiera e non accettò mai di rilasciare una dichiarazione politica, facilmente strumentalizzabile.

Nessuno avrebbe mai immaginato che Martini, per lungo tempo una tra le figure più alte ed espressive del cattolicesimo italiano contemporaneo, nonché della Chiesa universale, avrebbe scelto di vivere come un normale "pellegrino". Camminava da solo per le strette vie della città vecchia; all'aeroporto accettava le misure di sicurezza, spesso lunghe e fastidiose, e faceva la fila come gli altri, senza chiedere nessun favore; quando veniva in Patriarcato, in occasione del Natale o della Pasqua, era solito portare, per i poveri della Terra Santa, un'elargizione, frutto della vendita dei suoi libri. Seguiva, in questo, l'esempio di san Paolo. Che nobile gesto! Con la sua testimonianza ci aveva fatto riscoprire l'umiltà e la carità.

Nell'ottobre del 2003, guidò un corso di studio rivolto ai sacerdoti del Patriarcato Latino di Gerusalemme sul tema della *lectio divina*. Come sede venne scelta Betlemme, la casa dei padri Betharramiti vicina al monastero delle monache Carmelitane, dove si venera la beata Mariam Baouardy, fondatrice del Carmelo.

La *lectio divina* era parte integrante della sua vita. Quelle meditazioni, riservate solamente a noi sacerdoti, ora sono di pubblico dominio. Per evitare che andassero dimenticate o perdute, don Jamal Khader, attuale rettore del Seminario Patriarcale di Beit Jala, fu ispirato a registrarle e a conservarle fedelmente; sono state poi trascritte, grazie al prezioso contributo delle suore Clarisse di Milano, e pubblicate in questo volume dalle Edizioni Terra Santa.

In esso troviamo un cardinal Martini che, con grande sensibilità umana e culturale, sa spiegare, frantumare, avvicinare la Parola di Dio, rendendola illuminante, superando moralismo, dogmatismo e biblicismo. Ricordo quei giorni: padre Carlo con la sua *"lectio, meditatio, oratio* e *contemplatio"* riuscì a trasmetterci la Parola di Dio in modo allettante e attraente. In modo incisivo ci disse: «Gli eventi biblici sono molti, disparati, contrastanti ma il disegno che si svolge è unico e la *lectio divina* ci fa entrare in questa unità, in quella Parola nella quale siamo stati creati e che contiene la definizione unitaria del nostro essere».

Durante una pausa del corso, mi chiese di accompagnarlo a visitare la vicina chiesa del Carmelo. Durante il tragitto scambiammo qualche parola. L'impressione che conservo da questo breve dialogo è quella di un uomo colto, aperto, intelligente, e nello stesso tempo attento, discreto, umile e rispettoso degli altri.

Mi auguro che questo libro possa essere una lettura edificante per quanti vi si avvicineranno.

S.E. mons. William Shomali
Vicario del Patriarca latino
di Gerusalemme

Gerusalemme, 1 settembre 2013

LA LECTIO DIVINA
NELLA VITA DEL SACERDOTE

L'origine della *lectio divina*

L'espressione *lectio divina* proviene dalla tradizione monastica latina, anche se non la troviamo esplicitamente menzionata nei documenti ufficiali prima di quello redatto nel 1993 dalla Pontificia Commissione Biblica, dal titolo *L'interpretazione della Bibbia nella Chiesa*. Successivamente, compare di nuovo nella lettera apostolica di Giovanni Paolo II *Novo Millennio Ineunte*, del 2001.

Che cos'è la *lectio divina*? Cerchiamo di dirlo con le parole del documento della Commissione Biblica: «È una lettura, individuale o comunitaria, di un passo più o meno lungo della Scrittura accolta come Parola di Dio e che si sviluppa sotto la mozione dello Spirito in meditazione, preghiera e contemplazione»[1]. È una bellissima definizione che ci fa anche capire il perché dell'espressione *lectio divina*:

- Perché leggo parole divine, leggo parole di Dio.
- Perché le leggo sotto l'influsso dello Spirito di Dio, che m'invita a pregare.

---

[1] Il documento è interamente consultabile sul sito della Santa Sede (www.vatican.va) nella sezione della Pontificia Commissione Biblica. Il passaggio cui fa riferimento il Cardinale si trova nella IV parte, paragrafo C.2, dedicato alla *lectio divina*.

Quindi: *Lectio divina legit Deum et legit a Deo*, leggo parole di Dio e le leggo mosso dallo Spirito di Dio. Non è una semplice esegesi, una conferenza, ma qualcosa *sui generis*, molto speciale e pieno di misericordia e di luce dello Spirito. *Lectio divina lego Deum, lego a Deo.*

Bisogna riconoscere che la *lectio divina*, a quarant'anni dal Concilio Vaticano II, è ancora molto poco familiare ai cristiani di ogni continente. Neppure io, nella mia esperienza di vescovo a Milano, mi illudo di averne fatta fare molta. Ho cercato di affermare il principio ed esso è stato accolto, ma per la pratica ci vogliono generazioni intere. La *lectio divina* rimane ancora poco diffusa, eppure per me è uno strumento privilegiato della Chiesa, che permetterà ai cristiani di affrontare la modernità.

La Chiesa cattolica ha lottato per cinque secoli col metodo storico-critico e ha vinto, perché la Bibbia ne è uscita più bella e più autentica. Ma perché ne è uscita più bella e più autentica? Perché la Bibbia è un'espressione dell'incarnazione del Figlio di Dio. Ora, ciò che manca ad altre esperienze religiose, come ad esempio all'islam, è l'incarnazione; mancando questa, la parola del testo sacro conserva una certa rigidità. Viceversa, l'incarnazione inserisce il Cristo nella storia e quindi anche il libro e, di conseguenza, le diverse traduzioni, le diverse interpretazioni, che sono la ricchezza dell'incarnazione. Per questo la *lectio divina* è uno strumento per affrontare la modernità, mentre l'islam, che non conosce l'incarnazione, è necessariamente rigido e letteralista. Il documento della Commissione Biblica ci guarda dall'interpretare la Bibbia così rigidamente come si fa del Corano, pretendendo di ridurre gli esegeti al ruolo di traduttori e ignorando che tradurre la Scrittura è già fare opera di esegesi; rifiutando di seguire gli esegeti nei loro studi, i fondamentalisti, che ci sono anche nel mondo cristiano ma che sono un fenomeno soprattutto islamico, non si rendono conto che per un desiderio lodevole d'intera fedeltà alla Parola, s'impegnano in realtà in vie che li allontanano dal senso esatto dei testi come dalla piena accettazione delle conseguenze dell'incarnazione. La Bibbia è conseguenza dell'incarnazione e quindi va interpretata nell'ambito storico, così come Gesù si è sottomesso alle vicende della storia e vi ha sottoposto la sua Chiesa. Per questo dobbiamo aiutare i cristiani a essere fieri di questo principio dell'incarnazione che permette libertà, discernimento e capacità di affrontare le diverse interpretazioni esegetiche con riferimento sicuro a Cristo, Verbo incarnato.

Questa è la situazione attuale della *lectio divina*. Certamente una delle ragioni dell'ancora ridotta familiarità dei cristiani con essa è la scarsa consuetudine degli stessi preti. Se noi sacerdoti avessimo più dimestichezza con la *lectio divina*, anche la gente ne avrebbe molta di più.

La *lectio divina* nella vita pastorale del prete

Mi riferisco alla *lectio divina* nella vita personale del prete a partire da una prospettiva abbastanza concreta, cioè quella dell'unità di vita del prete. Naturalmente, io non posso parlarne se non a partire dalla mia esperienza personale e dei preti che ho conosciuto: è un'esperienza abbastanza ampia, ma pur sempre limitata. È abbastanza ampia perché in ventidue anni da vescovo ho ordinato più di seicento preti e quindici-venti vescovi; la diocesi di Milano ha circa duemilatrecento preti diocesani e novecento religiosi e io avevo contatti con tutti, di tutti conoscevo un po' il cammino. Quindi un'esperienza ampia e tuttavia, al tempo stesso, limitata perché legata al mondo occidentale e a una grande città moderna come Milano (nella diocesi ci sono certamente zone rurali e di montagna, che però rimangono sotto l'influsso della grande città). In ogni caso non posso parlare se non a partire da questa esperienza, che poi toccherà a ciascuno applicare alla propria situazione concreta.

Qual era la domanda che mi veniva posta più di frequente, soprattutto dai giovani sacerdoti che incontravo spesso e con cui compivo pellegrinaggi, magari di tre-quattro giorni, ad Ars, Avila, Loyola, Assisi? Questa domanda era: come raggiungere l'unità di vita? E al mio interrogativo sui motivi per cui sia difficile l'unità di vita di un prete in cura d'anime, la risposta più o meno si manteneva su questa linea: anzitutto perché abbiamo troppe cose da fare e poi perché queste cose sono troppo disparate; si passa dal gonfiare il pallone per i ragazzi al confessare, dall'assistere un moribondo al fare attenzione al campo dell'oratorio e alla casa canonica... Abbiamo troppe cose da fare, troppo diverse, e spesso la gente ce ne richiede alcune che non sono proprie dei sacerdoti. Vogliono raccomandazioni, vogliono aiuti, vogliono tante cose per cui non siamo stati educati in seminario ma che nondimeno si esigono. Tutto questo lacera la vita e fa sentire un po' smarriti. Così, preti e vescovi ci riconoscevamo nelle famose parole di san Gregorio Magno che sono riportate nella lettura del breviario il 3 settembre[2], festa appunto di san Gregorio, là dove racconta la sua esperienza di vescovo: «Certo, quando mi trovavo in monastero, ero in grado di trattenere la lingua dalle parole inutili e di tenere occupata la mente in uno stato quasi continuo di profonda orazione – viveva quindi una profonda unità di vita contemplativa – ma da quando ho sottoposto le spalle al peso dell'ufficio pastorale, l'animo non può più raccogliersi con assiduità in se stesso, perché è diviso tra molte faccende». Ecco la mancanza di unità di vita! Doversi divi-

---

[2] San Gregorio Magno, "Omelie su Ezechiele", Lib. 1, 11, 4-6; CCL 142, 170-172.

dere tra molte faccende, per cui a un certo punto ci si chiede: ma che cosa ho fatto questa mattina? Che cosa ho fatto oggi? Si perde il senso dell'unità. San Gregorio fa degli esempi: «Sono costretto a trattare ora le questioni delle chiese, ora dei monasteri, spesso a esaminare la vita e le azioni dei singoli, ora a interessarmi di faccende private, di cittadini, ora a gemere sotto le spade irrompenti dei barbari e a temere i lupi che insidiano il gregge affidatomi». Tutto questo fa sì che l'animo del prete risulti frastornato da cose tanto diverse e difficili. E prosegue: «Ora debbo darmi pensiero di cose materiali, perché non manchino opportuni aiuti a tutti coloro che la regola della disciplina tiene vincolati; procurare il cibo agli affamati, il pane, la carne, trovare da dar da mangiare. A volte debbo sopportare con animo imperturbato certi predoni, altre volte affrontarli, cercando tuttavia di conservare la carità». Ciò significa che di fronte a certe persone violente e prepotenti anche lui non sempre sapeva come reagire, se resistere o far finta di non vedere, accettando sul momento per recuperare poi. Tutto questo rende la vita molto, molto difficile. E allora san Gregorio conclude: «Quando dunque la mente divisa e dilaniata si porta a considerare una mole così grande e così vasta di questioni, come potrebbe rientrare in se stessa per dedicarsi tutta alla predicazione e a non allontanarsi dal ministero della Parola?». Ecco la grande difficoltà che io trovavo in tutti i preti giovani. Il santo vi aggiunge la sua personale debolezza: «Siccome poi per necessità di ufficio debbo trattare con uomini del mondo, talvolta non bado a tenere a freno la lingua – è un papa, un vescovo che parla! –. Se, infatti, mi tengo nel costante rigore della vigilanza su me stesso, so che i più deboli mi sfuggono e non riuscirò mai a portarli dove io desidero, per questo succede che molte volte sto ad ascoltare pazientemente le loro parole inutili, e poiché anch'io sono debole, trascinato un poco in discorsi vani, finisco per parlare volentieri di ciò che avevo cominciato ad ascoltare contro voglia – magari pettegolezzi, critiche, mormorazioni... – e di starmene piacevolmente a giacere dove mi rincresceva di cadere». È molto, molto realistico! Questa è la nostra vita di sacerdoti e di vescovi.

Mi chiedevano allora i miei preti: quali sono i rimedi per vincere la frammentazione e cercare di ottenere l'unità di vita? Io dicevo loro che l'unità di vita non è mai raggiunta: è una lotta da riprendere ogni giorno, perché siamo sempre assaliti da mille impegni. Tuttavia, ci sono alcuni aspetti da tenere presenti, nel cuore, nel corpo e nella mente.

Nel cuore

Anzitutto dicevo loro, e ne sono ancora pienamente convinto, che la radice dell'unità di vita è nel cuore, cioè nel fondo della volontà, quando in ogni cosa io cerco soltanto Dio. Questo è ciò che realizza l'unità di vita: cercare Dio solo e la sua volontà o, come dice l'*Imitazione di Cristo*, «Age quod agis», cioè "occupati di ciò che stai facendo perché è volontà di Dio". Questa è la radice di tutta l'unità di vita; non è fuggendo nel deserto o nel monastero che la si raggiunge, perché anche nel monastero ci sono problemi e preoccupazioni; essa è un fatto del cuore, è un dono di Dio, da chiedere con umiltà. Bisogna mettere sopra ogni cosa la volontà di Dio!

Nel corpo

Ci vuole anche un aiuto nel corpo e io qui mi permettevo, per la mia esperienza, di dare questi suggerimenti:

- *Non lavorare troppo*, perché certe volte rischiamo di diventare schiavi del lavoro; c'è un impegno, poi un altro, poi aggiungiamo altro ancora... E magari siamo stanchi, logorati, però non è mai finita e allora questo confonde: a un certo punto non ce la facciamo più. E quindi:

- *Dormire a sufficienza.* Questo è molto importante. Non dormire troppo ma dormire il giusto; coricarsi troppo tardi, infatti, rovina tutta la giornata seguente. Io preferivo fare le visite pastorali di sera, perché in genere la gente è a casa dal lavoro; celebravamo la messa alle 20.30, cui seguiva l'incontro con il consiglio pastorale o altri appuntamenti. Però ero solito dire che fino alle 22.30 opera l'angelo buono, dopo le 22.30 entra in scena l'angelo cattivo, e quindi non bisogna dargli troppo spazio. Certe volte, infatti, si stava a parlare anche fino a mezzanotte, ma i discorsi si sfilacciavano, con il risultato che si andava a dormire troppo tardi, ci si alzava al mattino senza poter pregare e così tutta la giornata ne risultava scombinata.

- *Avere il coraggio di ridurre drasticamente televisione, internet e qualche volta anche il telefonino,* perché rischiano di prenderci senza sosta, e allora la televisione rimane accesa anche tutta la notte, su internet si passa di continuo da un sito all'altro e il telefonino, qualche volta, squilla anche durante la messa (e i fedeli si accorgono che il prete lo ha dimenticato acceso in tasca). Tutti questi strumenti sono molto utili e io stesso, qualche volta, uso internet o il telefonino per necessità. Ciò che conta, però, è non diventarne schiavi perché l'unità di vita non ne risenta.

- *Il corpo ha bisogno di pause di riposo, di silenzio e di preghiera;* ero solito proporre una regola, che io stesso cercavo di osservare: quanto maggiori sono le proprie responsabilità, tanto più si devono trovare spazi di silenzio, di pausa e di preghiera raccolta, perché questo permette l'unità di vita, altrimenti si è lacerati. All'inizio anch'io ho fatto fatica perché i primi anni ero come travolto da una diocesi immensa, con più di mille parrocchie, ma poi poco a poco ho imparato; così, per esempio, dicevo al mio segretario di segnare due grandi righe sull'agenda in corrispondenza del giovedì mattina, così che verso le sei del mattino partivo in macchina verso le montagne e facevo tre-quattro ore di camminata solitaria; la natura, il bosco e la solitudine, infatti, ritemprano, rimettono in sesto. La natura ha una virtù rigeneratrice molto grande della quale dobbiamo approfittare, perché anche il corpo ne ha bisogno.

Nella mente

Quindi i rimedi sono anzitutto nel cuore, nel fondo della volontà, e nel corpo: ma c'è poi un rimedio nella mente. Si tratta di unificare il nostro mondo inserendolo in quello di Dio, così da vedere le cose come Dio le vede: allora si fa unità e questa unità è propiziata proprio dalla *lectio divina*. La *lectio* ci svela l'unità del disegno divino nella molteplicità degli eventi biblici: questi eventi infatti sono molti, disparati, contrastanti ma il disegno che si svolge è unico e la *lectio divina* ci fa entrare in questa unità, in quella Parola nella quale siamo stati creati e che contiene la definizione unitaria del nostro essere. La *lectio divina* ci fa incontrare la Parola di Dio ora: noi siamo creati in questa Parola e qui ritroviamo l'unità del nostro essere, ritroviamo il nostro nome, la nostra definizione, il nostro posto, ci identifichiamo con Gesù. La vera unità di vita è ritrovare il nostro posto che è Gesù e identificarci con lui. Il cristiano è colui che è identificato con Gesù.

La *lectio divina* è dunque necessaria per il prete, e soprattutto per il prete in cura d'anime; ma voi mi domanderete: *quando, su che cosa* e *come* deve essere condotta?

Al *quando* io rispondo: ogni giorno, perché ogni giorno siamo trascinati, lacerati da mille cose diverse e ogni giorno abbiamo bisogno di ritrovare la nostra unità. Dovremmo cercare di farla quotidianamente, e in ogni caso almeno una volta la settimana un po' più a lungo, proprio per poter unificare il nostro spirito. Quando? Dunque rispondo: ogni giorno!

Su che cosa? Ritengo che la cosa migliore sia partire dai testi liturgici. Per questo suggerisco il libro di padre Vanhoye *Il pane quotidiano della Parola*[3], una guida per una *lectio divina* semplicissima sul testo liturgico del giorno che ci permette di entrare nel mondo di Dio e di prepararci a celebrare degnamente l'Eucaristia.

E *come?* Voi sapete meglio di me che l'ideale sarebbe al mattino presto, come primo impegno, perché allora dà il tono a tutta la giornata, ma spesso si è molto occupati, come capitava anche a me quando ero vescovo. Personalmente cercavo di fissare almeno *tre momenti* legati come da un filo rosso. Anzitutto *il momento della sera*: prima di andare a dormire, sostare per leggere e rileggere i testi liturgici del giorno dopo. Poi *al mattino*, appena svegli, ricordare gli stessi testi e, a partire da questi, dedicare tempo alla preghiera secondo le proprie possibilità. Infine, possibilmente, un terzo momento, *all'inizio del pomeriggio*, quando fa più caldo, quando siamo meno pressati dalle richieste della gente: richiamare il pensiero alla Parola, così che allora la giornata venga unificata. Spesso può essere facile, soprattutto quando si è stanchi, applicare alla *lectio divina* il metodo della preghiera di Gesù, cioè trovare nel brano

---

[3] A. Vanhoye, *Il pane quotidiano della Parola. Commento alle letture feriali della Messa. Ciclo I e II*, Casale Monferrato 1994.

una parola, una mezza frase che possa ripetere e della quale possa richiamare il contenuto, trasformandola in una preghiera che la Chiesa d'Oriente chiamerebbe "preghiera di Gesù" o "preghiera del cuore". Per esempio, per quest'oggi mi piace scegliere: «Chi mi libererà da questo corpo di morte? Siano rese grazie a Dio per il nostro Signore Gesù Cristo» (Rm 7,24). È una frase che dà la sintesi di tutta la lettura e accompagna l'intera giornata. Ieri, invece, mi piaceva la frase tratta da Rm 7,4: «Anche noi, mediante il corpo di Cristo, siamo stati messi a morte in quanto alla legge per appartenere a un altro». Signore, appartengo a te e anche tu appartieni a me! Questa frase riassume il senso della lettura e la rende facile da pregare nelle visite all'Eucaristia, nei momenti di difficoltà. Ecco *come* fare la *lectio divina*; in questo modo diventerete anche maestri dei giovani perché potrete aiutare anch'essi a progredire con frutto in questa pratica.

Alcune domande per la riflessione

1. Quali sono per noi, per me, i principali ostacoli all'unità di vita? Mi è facile o difficile? Perché?

2. Quali sono i principali aiuti per l'unità di vita ai tre livelli che ho richiamato: a livello del cuore, a livello del corpo e a livello della mente? Può essere molto utile esporli perché magari sono diversi da quelli che ho indicato io, ma sono parte della vostra esperienza. Quali suggerimenti daremmo a un prete giovane?

3. Quali aiuti e quali ostacoli trovo nel praticare la *lectio divina*? Magari non c'è tempo, il testo è troppo difficile, non sono riuscito a sceglierne uno, o altri ancora.

LA FEDELTÀ DI DIO
Lectio divina di Luca 2,1-20

Il testo evangelico (Luca 2,1-20)

[1]*In quei giorni un decreto di Cesare Augusto ordinò che si facesse il censimento di tutta la terra.* [2]*Questo primo censimento fu fatto quando era governatore della Siria Quirinio.* [3]*Andavano tutti a farsi registrare, ciascuno nella sua città.* [4]*Anche Giuseppe, che era della casa e della famiglia di Davide, dalla città di Nazaret e dalla Galilea salì in Giudea alla città di Davide, chiamata Betlemme,* [5]*per farsi registrare insieme con Maria sua sposa, che era incinta.* [6]*Ora, mentre si trovavano in quel luogo, si compirono per lei i giorni del parto.* [7]*Diede alla luce il suo figlio primogenito, lo avvolse in fasce e lo depose in una mangiatoia, perché non c'era posto per loro nell'albergo.* [8]*C'erano in quella regione alcuni pastori che vegliavano di notte facendo la guardia al loro gregge.* [9]*Un angelo del Signore si presentò davanti a loro e la gloria del Signore li avvolse di luce. Essi furono presi da grande spavento,* [10]*ma l'angelo disse loro: «Non temete, ecco vi annunzio una grande gioia, che sarà di tutto il popolo:* [11]*oggi vi è nato nella città di Davide un salvatore, che è il Cristo Signore.* [12]*Questo per voi il segno: troverete un bambino avvolto in fasce, che giace in una mangiatoia».* [13]*E subito apparve con l'angelo una moltitudine dell'esercito celeste che lodava Dio e diceva:* [14]*«Gloria a Dio nel più alto dei cieli e pace in terra agli uomini che egli ama».*

[15] *Appena gli angeli si furono allontanati per tornare al cielo, i pastori dicevano fra loro: «Andiamo fino a Betlemme, vediamo questo avvenimento che il Signore ci ha fatto conoscere».* [16] *Andarono dunque senz'indugio e trovarono Maria e Giuseppe e il bambino, che giaceva nella mangiatoia.* [17] *E dopo averlo visto, riferirono ciò che del bambino era stato detto loro.* [18] *Tutti quelli che udirono, si stupirono delle cose che i pastori dicevano.* [19] *Maria, da parte sua, serbava tutte queste cose meditandole nel suo cuore.* [20] *I pastori poi se ne tornarono, glorificando e lodando Dio per tutto quello che avevano udito e visto, com'era stato detto loro.* [1]

[1]   Poiché le meditazioni hanno avuto luogo nel 2003, l'Autore fa riferimento al testo della Bibbia CEI del 1974, al quale ci si è dunque attenuti.

Ho scelto per questa *lectio* un passo legato al nostro contesto: siamo a Betlemme e ho scelto il vangelo dell'infanzia secondo Luca che ci parla appunto della nascita di Gesù in questo luogo. È un testo molto popolare anche se, come sappiamo, non è centrale nei vangeli perché in tutta la vita pubblica questo evento non viene mai ricordato. Ma è certamente molto importante per i nostri fedeli perché domina tutta la liturgia di Natale e tante volte ne abbiamo fatto oggetto della nostra predicazione. Spesso, però, forse proprio perché il Natale è così pieno di cose da fare, non abbiamo il tempo di approfondirlo con calma e quindi ho pensato che potrebbe essere utile per dare qualche stimolo di *lectio divina*.

È un brano ovviamente molto ricco, complesso, con molti aspetti problematici, che meriterebbe una trattazione sia dal punto di vista storico-critico sia dell'analisi strutturale, retorica e semiotica. Di questi ultimi aspetti non ci occuperemo perché ci siamo prefissi di leggerlo secondo l'esercizio della *lectio divina*. Mi limito semplicemente a citare alcuni autori che hanno operato un'analisi di questo tipo; è noto ad esempio il libro di Raymond Brown *La nascita del Messia* (uscito in inglese nel 1979), che in sei-settecento pagine esamina i primi capitoli di Matteo e di Luca ed è forse la trattazione moderna più abbondante e approfondita. Nel 1986 lo stesso Brown, in due lunghi articoli, ha aggiornato l'opera, che rimane tuttora valida e significativa. C'è poi il lavoro più recente di John Paul Meier, che è stato un mio alunno; egli dal 1991 ha pubblicato una serie di tre grossi volumi dal titolo *Un ebreo marginale*[2], in cui assume il punto di vista storico-critico e

---

[2]   Ai tre volumi della serie, pubblicata in inglese a partire dal 1991, nel 2009 se ne è aggiunto un quarto dal titolo *Legge e amore*. L'edizione italiana dei tomi è curata dal 2003 da Queriniana.

lo porta avanti con molta efficacia ed equilibrio. Il secondo tomo tratta dei racconti dell'infanzia e vale la pena di essere letto proprio per l'analisi storico-critica del racconto che abbiamo davanti. Di qualche anno precedente è il libro di René Laurentin, pubblicato in francese nel 1982: *I vangeli dell'infanzia di Gesù Cristo. La verità del Natale, al di là dei miti*; si tratta di un'opera molto accurata ed elaborata, soprattutto nell'analisi strutturale e semiotica, quindi dai criteri molto moderni. È forse un po' più conservatrice delle altre due ma, tutti insieme, questi libri possono dare una buona introduzione storico-critica al significato del brano, che io in questo caso mi limito a supporre. Cito solo qualche frase di J.P. Meier. Parlando dei racconti dell'infanzia di Giovanni Battista, li paragona con quelli di Gesù e, giustamente, dice: «Nel caso di Gesù abbiamo due distinte narrazioni dell'infanzia che permettono di comparare le somiglianze e le differenze e ci permettono di arrivare ad alcune sobrie conclusioni circa le comuni tradizioni antiche che stanno dietro a questi racconti». Anche se non possiamo certamente dimostrarne tutte le particolarità, c'è la possibilità di riconoscere solide fonti narrative antiche; egli, naturalmente, osserva anche: «Distinguere tra storia e interpretazione teologica è reso tanto più difficile dal fatto che i primi due capitoli di Luca appartengono a quel monumentale capolavoro letterario-teologico che è Luca-Atti»; e nota che «molti temi che si trovano nei primi due capitoli sono collocati accuratamente per provvedere un punto di partenza o come una premonizione di eventi successivi nella storia di Gesù». Questo va tenuto presente nell'interpretare i brani dell'infanzia perché non raccontano solo ciò che è avvenuto ma vogliono essere una chiave di lettura della storia di Gesù successiva, e quindi sono molto ricchi.

Io mi limiterò a una proposta di *lectio divina* secondo i tre gradini tradizionali: *lectio, meditatio* e *contemplatio*. Prima di cominciare, alcuni consigli pratici. È certamente molto importante calmare lo spirito, premettendo un momento di tranquillità e di quiete in modo da poter fare una *lectio* più fruttuosa. Io ricordo che, quando partecipai per la seconda volta al mese ignaziano di esercizi (durante il terzo anno di noviziato dei Gesuiti, che si fa dopo l'ordinazione sacerdotale), avevamo un maestro di spiritualità molto anziano e sperimentato. Ogni giorno guidava tre o quattro meditazioni, per un totale nel mese di circa cento brevi interventi introduttivi, e ogni volta incominciava con le parole: «Anzitutto lasciamo quietare l'animo davanti a Dio...»; quindi avrà ripetuto questa osservazione circa cento volte. La quiete è favorita anche da un luogo un po' raccolto, nel quale poter cominciare con una preghiera perché la *lectio divina* è un'attività di Dio in noi, quindi dev'essere invocata e impetrata attraverso di essa. È importante dunque iniziare sia con un momento di raccoglimento, di pausa dello spirito, quasi di respiro interiore che ci permetta di mettere in silenzio il nostro cuore, sia con un momento di preghiera nella quale diciamo a Dio che vogliamo cercare lui: te solo, Signore, voglio cercare in questa preghiera, voglio fare la tua volontà e ti chiedo di obbedire allo Spirito Santo che lavora in me; chiedere di obbedire allo Spirito è un esercizio spirituale e non semplicemente teorico.

Dopo questa preghiera suggerisco anche, almeno dal punto di vista teorico, di stabilirne il contesto. Per lo più esso è implicitamente dentro di noi, ma dovendolo teorizzare io credo ci sia modo di esprimerlo anche ampiamente. Come definirei oggi il contesto di una *lectio divina*, tenendo presente il quadro generale, politico, sociale, culturale del mondo in cui viviamo? Credo che oggi ci troviamo ad affrontare tre problemi maggiori che stanno sullo sfondo di ogni nostra *lectio divina*, anche se questa non ne è la risposta.

Tre problemi di contesto

C'è un primo problema molto grave che definirei uno smarrimento e un disagio in relazione al diritto internazionale, particolarmente avvertibile negli ultimi due anni[3]. Si era parlato molto di un ordine internazionale, di problemi di diritto sovranazionale, ma a un certo punto questo orientamento si è rotto perché una forza d'intervento ha superato quello che, pur con tutti i suoi difetti, era un organismo di riferimento in questo ambito, cioè le Nazioni Unite. Superato questo ordine con l'uso della forza, decisa autonomamente, ne è derivato un senso di smarrimento. Il Papa ha molto insistito su questo punto. Noi oggi forse non possiamo ancora valutare a pieno le conseguenze di tutto ciò, ma certamente esse sono gravi perché mentre si sarebbe dovuto (e in qualche modo si cercava) fare riferimento al diritto internazionale, a un certo punto è intervenuta la forza. È come se il più forte, che magari in quel momento è anche il "più bravo", dicesse: io sono il più bravo, voglio fare del bene; se però l'elemento che conta è la forza, ciò rappresenta una rottura del diritto internazionale che crea smarrimento negli animi e lascia gli orizzonti oscuri. Si cerca di riparare ma...

E qui si colloca un secondo problema che in questo luogo si vive a livelli drammatici, ma che ormai interessa un po' tutto il mondo: come genere umano sperimentiamo oggi la nostra incapacità di vivere insieme come "diversi". Facciamo una fatica grandissima a convivere senza distruggerci, senza ignorarci, senza tentare di conquistarci o anche solo senza disinteressarci dell'altro. Come

---

[3] Parlando nel 2003, Martini si riferisce ai fragili equilibri internazionali venutisi a creare dopo l'11 settembre 2001 e l'inizio della guerra in Iraq (marzo 2003).

genere umano siamo chiamati ad aiutarci a una maggiore autenticità, mentre l'esperienza che facciamo nel mondo è tutt'altra: la
fatica a convivere nel rispetto delle diversità e in atteggiamento
non violento, non desideroso di schiacciare l'altro e neanche semplicemente di ignorarlo. Voi lo vivete qui in maniera certamente
drammatica, ma ormai questo problema emerge sempre di più anche in Europa. Un tempo, lì si poteva dire: noi siamo qui e l'islam è
là; oggi, invece, l'islam è sempre più presente anche in Europa ed
è più difficile calcolare i modi di convivenza con questa diversità:
non ci siamo ancora riusciti e questo rimane un nodo che tocca il
futuro del genere umano.

Un terzo elemento di contesto che oscura ancora il quadro è il
crescere dei fondamentalismi e degli integralismi che è caratteri-
stico di questa nostra epoca. Probabilmente passerà, ma in questo
momento è certamente un aspetto che crea difficoltà, sofferenze
e paure.

Ogni nostra *lectio divina*, quindi, non può prescindere da questo
sfondo generale, anche se non deve trasformarsi in una meditazione politica.

C'è poi anche un contesto esistenziale che tocca ancor più da
vicino la sfera religiosa. Noi viviamo in una realtà che esprime un
rifiuto pratico alla presenza attiva di Dio nel mondo: da molti essa
non viene considerata, talora viene negata, più spesso è dimenti-
cata, e questo è certamente preoccupante. A ciò è connessa anche
una resistenza interiore alla possibilità che Dio ami veramente
l'uomo. Questo concetto viene piuttosto emarginato, soprattutto
nel mondo occidentale, ma la questione tocca buona parte dell'u-
manità. È come una resistenza cui si connette un terzo elemento
che tocca da vicino il fatto valoriale, religioso, e cioè il culto dei
valori mondani: successo, denaro, potere, violenza. È preoccupante perché entra nei circuiti dell'opinione pubblica, costituisce lo

sfondo della comunicazione attraverso i mass media ed è il contesto negativo nel quale operiamo. Non possiamo dimenticarlo, se vogliamo mettere nel giusto rilievo l'insegnamento che ci viene dalla Parola di Dio.

Naturalmente a questi ambiti di carattere molto generale bisogna poi aggiungere quello proprio di ciascuno; ognuno di noi legge un testo biblico a partire dalla sua biografia personale o di gruppo e quindi vive momenti di fatica o di entusiasmo, momenti di successo o di insuccesso, momenti di chiarezza e di luce o momenti di oscurità. Noi ci avviciniamo alla *lectio divina* non come *tabula rasa* ma in un preciso contesto, ed è importante ricordarcelo: essa, infatti, non cade su un terreno deserto ma sulla realtà che siamo noi, con la nostra storia e il nostro vissuto.

Lectio divina

Ciò posto, cerchiamo di vedere quali siano i passi concreti con cui procede una *lectio divina*.

Lectio

Per prima cosa è una *lectio* e quindi consiste nel leggere e rileggere il brano cercando di rendersi conto della sua struttura, delle parole chiave, delle relazioni con altri testi. Occorre rispondere alla domanda: che cosa dice il passo? In questa fase, un'operazione molto importante e molto semplice è cercare di strutturarlo. Il testo che scegliamo va anzitutto ben determinato: è necessario che abbia un senso unitario e compiuto. Nel nostro caso è abbastanza semplice perché l'inizio del capitolo 2 è certamente l'inizio di un nuovo episodio: prima si è parlato di Giovanni Battista, ora si passa al decreto di Cesare Augusto, al quale è connessa la nascita di Gesù a Betlemme. Il racconto comincia certamente in Lc 2,1, mentre si può discutere su dove finisca; io l'ho fatto terminare al versetto 20 dove si conclude l'episodio dei pastori. Alcuni esegeti includono anche il versetto 21, quello della circoncisione e del nome di Gesù. Non ha così grande importanza, però questa è un'operazione da fare: decidere quale testo prendere come oggetto di lettura, perché deve essere una pagina che abbia un senso compiuto. E in questo bisogna riconoscere che le letture della Messa non sono sempre ben divise; certe volte, infatti, sono troppo corte e quindi ci troviamo a disagio: allora è bene prendere la Bibbia e allargare un po' il brano, così da avere un senso compiuto che sia più facilmente penetrabile.

Questi venti versetti formano un racconto unitario, ben organizzato, e sono strutturabili con facilità perché i fatti vengono narrati uno di seguito all'altro, secondo un procedere storico. Ho diviso il brano in cinque parti, perché mi sembra che la struttura si articoli secondo cinque momenti:

1. L'*occasione storica generale* (versetti 1-3), cioè il decreto di Cesare Augusto riguardante il censimento di tutta la terra al tempo del governatore Quirinio, in virtù del quale tutti vanno a farsi registrare nella propria città di origine. Sappiamo che ci sono problemi storici a questo proposito: quando è avvenuto questo censimento? Quando è vissuto Quirinio? Non entriamo nel merito perché questo riguarda il fatto storico-critico, però certamente ciò che è importante è che Luca vuole collegare la nascita di Gesù con un fatto storico di carattere generale: vedremo che questo ha un insegnamento importante, è un messaggio.

2. I *personaggi* (versetti 4-5) sono Giuseppe della casa e famiglia di Davide, Maria sua sposa incinta, quindi il bambino. Questi personaggi sono caratterizzati quanto a origine familiare, («della casa e della famiglia di Davide»), a origine locale («dalla città di Nazaret in Galilea»), e a destinazione («in Giudea alla città di Davide, chiamata Betlemme»). Notiamo la ripetizione due volte del nome di Davide, che probabilmente è un po' la parola chiave di tutto il testo. Qui la narrazione, dalle premesse storiche molto generali, come una buona inquadratura cinematografica punta l'obiettivo sui personaggi.

3. Il *fatto* (versetti 6-7) è raccontato con brevissime parole: «Si compirono per Maria a Betlemme i giorni del parto. Diede alla luce il suo figlio primogenito, lo avvolse in fasce e lo pose in una mangiatoia, perché non c'era posto per loro nell'albergo». Brevissimo racconto e pieno di mistero: cosa vuol dire che

non c'era posto nell'albergo? Come mai? Si discute anche su come tradurre questa parola "albergo": il termine ritorna in Luca per designare il Cenacolo, quindi indicherebbe non tanto l'albergo ma piuttosto "il locale"; in questo caso, allora, indicherebbe un nascere fuori del locale destinato a ricevere la gente. In ogni caso, anche se ci sono particolari difficili da tradurre, da precisare, è una nascita che avviene in solitudine, in povertà. Certo questa caratteristica del "deposto in una mangiatoia" è piena di dramma, perché significa che Gesù non è ricevuto tra i figli degli uomini. Qui è esposto con parole semplicissime e molto incisive lo stesso dramma che poi Giovanni esprimerà così: «Venne tra i suoi e i suoi non l'hanno accolto» (Gv 1,11). Molto più lungo è il racconto seguente e per me uno degli enigmi di questa pagina sta proprio qui: come mai il racconto della nascita è così breve mentre quello dei pastori è così lungo e dettagliato? Non ho una risposta apodittica a questa domanda; ciò vuol dire che questi testi stimolano la nostra intelligenza a interrogarsi sul loro significato.

4. Il *messaggio dell'angelo* (versetti 8-14). Prima vengono presentati i pastori, e anche qui si stabilisce il tempo: è notte e sono a guardia del gregge, quindi vegliavano all'aperto. Dopo questa breve presentazione tutto è concentrato sul mistero dell'angelo: la gloria del Signore li avvolge di luce, sono presi da grande spavento, l'angelo dà l'annuncio. Da notare che per la nascita di Gesù non c'era nessuna parola di commento, nessun annuncio, quest'ultimo viene dato ai pastori: «Non temete, ecco vi annuncio una grande gioia, che sarà di tutto il popolo: oggi vi è nato nella città di Davide – ancora qui la menzione di Davide – un Salvatore, che è il Cristo Signore. Questo per voi il segno: troverete un bambino avvolto in fasce che giace

nella mangiatoia». Quindi ci sono l'apparizione dell'angelo, il timore conseguente di fronte alla manifestazione del divino, il messaggio gioioso e il segno, che è semplicissimo: un bambino avvolto in fasce che giace nella mangiatoia. Poi il messaggio si allarga in una dossologia, il grande canto di lode di una moltitudine dell'esercito celeste che loda Dio e dice: «Gloria a Dio nel più alto dei cieli e pace in terra agli uomini che egli ama». Dunque il fatto, che era stato descritto con parole semplicissime, viene ora esposto nel suo significato cosmico da questa apparizione e da questo canto angelico.

5. L'ultima parte (versetti 15-20) ci dice *che cosa fanno i pastori*, ci informa sul loro viaggio a Betlemme. Essi sembrano avere un primo momento di perplessità: cosa facciamo? Ma poi vince l'obbedienza: andiamo a Betlemme! Quindi l'apparizione è avvenuta fuori della città. Vanno, trovano Maria, Giuseppe e Gesù e riferiscono ciò che del bambino era stato detto loro, e tutti si stupivano delle loro parole. Dunque c'è una prima evangelizzazione molto modesta, a livello di popolo, ed è interessante notare come accanto a elementi molto semplici, molto quotidiani, entrino in gioco elementi grandiosi (cieli aperti, cori angelici). E infine Maria, che viene ancora ricordata come colei che «serbava nel suo cuore tutte queste cose», mentre i pastori fanno ritorno, «glorificando e lodando Dio per tutto quello che avevano udito e visto, com'era stato detto loro».

La prima cosa da fare nella *lectio* è cercare di cogliere bene tutte le particolarità del racconto. In questo caso esso è molto semplice e possiamo dire che si svolge più o meno così: una decisione politica a livello dell'impero romano rende possibile la nascita di Gesù nella città di Davide; questo è il senso generale dell'introduzione. Quando viene al mondo, Gesù è praticamente ignorato dai ricchi, ma riverito e accolto dai poveri; questa nascita apre il cielo sulla terra, porta gioia e pace. Possiamo dire che qui c'è già tutto il futuro di Gesù. Egli opera nel contesto del mondo intero, la sua salvezza riguarda l'universo; opera però attraverso strumenti semplicissimi: il cielo si muove a cantare la gloria di questi fatti, ma sulla terra pochi si accorgono, i più semplici, i più umili, anche se comunque un inizio di riconoscimento del Signore c'è. Come si può vedere, il brano è molto ricco, molto intenso, pieno di contrasti ed è certamente uno dei brani più belli proprio perché unisce cielo e terra, grandiosità e piccolezza, rifiuto e accoglienza; in qualche modo, è tutta la vita di Gesù, con la sua grandiosità e la sua insignificanza, ad essere posta qui sotto gli occhi di colui che contempla: è come un'introduzione alla vita di Gesù. Non a caso, infatti, le icone hanno rappresentato la mangiatoia come una tomba, e Gesù vi appare come colui che sarà messo nel sepolcro.

Questo passo è veramente un capolavoro di narrativa e di teologia e la *lectio* consiste proprio nel rendersi conto della sua ricchezza. Potremmo prolungare la *lectio* domandandoci in che maniera il testo sia parallelo al racconto della nascita di Giovanni. Sappiamo che il vangelo dell'infanzia di Luca è composto in maniera parallela (Giovanni-Gesù/Giovanni-Gesù) ma qui, rispetto alla nascita di Giovanni, il quadro è molto più vasto: là c'era gioia, festa, c'era un cantico del padre Zaccaria, ma il quadro rimaneva molto ristretto; qui il quadro è politico e cosmico, benché gli eventi siano ugualmente modestissimi. Potremmo dire che Gesù viene seminato nella nostra terra come un seme nascosto, che però è destinato a rinnovare il mondo. Questo è il senso del nostro brano.

Meditatio

La seconda parte della *lectio divina*, la *meditatio*, consiste nel chiedersi: quali sono i messaggi permanenti di questo brano? Quali sono i valori che esso comunica anche a noi oggi? Qui io mi limito a qualche indicazione, sottolineo certi valori, ma se ne potrebbero individuare anche altri; ciascuno, nella sua riflessione, può farne emergere di nuovi e, probabilmente, anche di più pertinenti.

1. Anzitutto un primo messaggio lo colgo nell'insistente riferimento a Davide (famiglia di Davide, città di Davide), e quindi: *Dio è fedele alle sue promesse.* Dio ha fatto delle promesse a Davide, come nel famoso passo di 2Sam 7 poi ripreso anche in alcuni salmi. A distanza di secoli, quando sembrava che tutto fosse dimenticato, Dio mostra di essere fedele ai suoi propositi e qui, nella città di Davide, mantiene la parola data: assicurare un discendente a Davide che regnerà per sempre sulla casa di Giacobbe e il cui regno non avrà fine. E qui potremmo richiamare appunto 2Sam 7, Sal 88(89), Mi 5, tutti passi che orientano verso Betlemme, la casa di Davide.

2. Il secondo messaggio che abbiamo visto emergere chiaramente è che *Dio guida la storia umana.* Cesare Augusto sembra il padrone del mondo, Quirinio probabilmente era un uomo che pensava di avere grande potere, ma è Dio in realtà che, attraverso questi eventi e questi personaggi, guida la storia alla realizzazione del suo piano. Anche nelle vicende apparentemente mondane della storia umana corre una storia di salvezza. Accade esattamente il contrario di ciò che dicevamo a proposito della gente e dei suoi dubbi: Dio non si interessa di questo mondo? Dio ama veramente l'uomo? Qui tutto questo

viene riproclamato: Dio ama l'uomo, Dio è fedele alle sue promesse, la storia è nelle sue mani. Questo è un invito a un atto di fiducia nel Dio arbitro della storia, atto che talora è eroico perché noi non vediamo concretamente, a livello microscopico, a livello quotidiano, questa guida. Il brano è un invito a interrogarci su come viviamo con fede i drammatici momenti presenti, tanto drammatici che è forte la tentazione di perdere la fiducia nel disegno di Dio: la storia la guidano i potenti, i prepotenti, quelli che hanno denaro, la guidano le leggi finanziarie, economiche, del mercato... No, Dio guida la storia! Ecco l'invito fortissimo alla fede, alla speranza.

3. Un terzo messaggio, anch'esso espresso con molta delicatezza nel testo, è: *Dio sceglie l'umiltà e accetta anche di essere respinto.* Questo è un fatto straordinario! Dio accetta di essere rifiutato, entra nella storia accettando di non essere accolto. È una completa rottura della mentalità mondana, la quale vuole accoglienza, potere, successo. Dio accetta l'insuccesso! Questa nascita, infatti, è un episodio marginale e sofferto, ma è così che Dio si è presentato. Dunque emerge un'immagine di Dio piuttosto nuova che l'Antico Testamento aveva adombrato nei canti del Servo sofferente e in altri; qui comincia l'immagine di Dio del Vangelo: Dio che ama gli umili, gli ultimi, e si mette al posto dei peccatori. Questa novità è veramente straordinaria: qui è annunciata con molta delicatezza ma poi tutto il Vangelo l'approfondirà.

4. Un ulteriore messaggio è che *tutto questo è per la nostra gioia*; tutto questo è Buona Notizia, è Vangelo! «Vi annunzio una grande gioia»: è un fatto minimo, semplicissimo! I pastori hanno visto un bambino, tutto qui, ma questo è motivo di

grande letizia. Dio, attraverso questi fatti, vuole la nostra felicità e questa, dal cielo, si trasferisce sulla terra; noi dobbiamo chiedere di prendervi parte vivendola già qui e ora. È certamente una rottura degli schemi mondani chiusi, un'apertura del cielo sulla terra.

5. Finalmente un ultimo messaggio: *Gesù viene per la nostra salvezza*; non viene per se stesso, per essere onorato, per cercare privilegi ma viene per salvarci, viene per il nostro bene, perché ci ama, perché vuole manifestarci l'amore gratuito di Dio per noi.

Abbiamo visto dunque come questo brano sia ricchissimo di messaggi che poi il Vangelo svolgerà nel suo insieme; la *meditatio*, la seconda parte della *lectio divina*, può riprendere l'uno o l'altro di questi messaggi, contemplandolo, approfondendolo, ed esprimendo la lode a Dio, il ringraziamento, la richiesta di spirito di fede che spesso ci manca.

Contemplatio

Segue poi, senza soluzione di continuità, il momento della *contemplatio*, che il popolo cristiano sa vivere in maniera splendida. Quando i bambini contemplano il presepio, vivono tutte queste cose ed è interessante come esso parli anche a non credenti e a non cristiani. Ho in mente le suore di Beit Jamal[4] che hanno composto una grande natività nella parte destinata agli ospiti, dove passano molte persone, soprattutto il sabato; in essa

---

[4]   Si tratta di un monastero femminile di vita contemplativa della Famiglia monastica di Betlemme, dell'Assunzione della Vergine e di San Bruno che si trova nei pressi di Bet Shemesh, a metà strada tra Gerusalemme e Tel Aviv.

hanno prefigurato un po' tutti gli eventi della vita di Gesù e mi dicono che molti non cristiani, molti ebrei, passando, si fermano a contemplare questo presepio perché parla da solo, è ricco di insegnamenti, semplicissimi e profondi. La contemplazione ci è insegnata soprattutto dai bambini e dal popolo cristiano ma volendo esprimere alcune linee contemplative, da poter sviluppare nella preghiera, mi sentirei di suggerirne tre:

1. *Gesù e questo nostro mondo.* Qui il pensiero da approfondire nella preghiera è che Gesù ama anche oggi questo nostro mondo, così com'è. Dio lo ama, vi si vuole rendere presente (non solo duemila anni fa, ma oggi), rinascere; in esso è presente realmente, e quindi noi dobbiamo riconoscerlo e credere al suo amore anche in circostanze oscure e difficili.

2. *Gesù e la mia vita.* Questa linea è stata ben sviluppata dai Padri della Chiesa, soprattutto da sant'Ambrogio, il quale dice: poco importa che Gesù sia nato a Betlemme se non nasce in me. Gesù vuole nascere in me; allora io rifletto sulla mia vita: quella che chiamiamo "la grazia" è la mia unità con Gesù, la mia identità in Gesù, la mia assimilazione a Gesù, e allora posso interrogarmi: come vivo questa mia identità con Gesù? Come vivo Gesù che è in me? Non io vivo in Cristo, ma egli vive in me! Come mi lascio assimilare, identificare a lui, vincendo i miei difetti, i miei vizi, i miei peccati, praticando quelle virtù che egli mi ispira? Questa è la nascita di Gesù nel cuore, che è il significato ultimo della sua nascita a Betlemme.

3. *Gesù e la Chiesa.* Qui potremmo esprimere la nostra preghiera su questi toni: Gesù non dimentica la sua Chiesa, Dio è fedele alle sue promesse, e quindi Gesù è fedele alle promesse fatte

a Pietro: «Tu sei Pietro e su questa pietra edificherò la mia chiesa e le porte degli inferi non prevarranno contro di essa. A te darò le chiavi del regno dei cieli, e tutto ciò che legherai sulla terra sarà legato nei cieli, e tutto ciò che scioglierai sulla terra sarà sciolto nei cieli» (Mt 16,18-19); «Chi ascolta voi, ascolta me» (Lc 10,16). Secondo: Gesù nella Chiesa sceglie i più poveri, i più emarginati; Madre Teresa ha avuto l'approvazione di tutto il mondo perché ha espresso questa scelta dei più umili, che è la scelta di Gesù fin dalla sua nascita. Infine, Gesù vuole che nella Chiesa ci sia gioia e non malumore, malinconia, amarezza, recriminazione, nostalgie vane del passato.

Alcuni esercizi conclusivi

1. Quale dei passaggi che ho cercato di descrivere può presentare delle difficoltà?

2. Quali altri passaggi si potrebbero aggiungere? Io, infatti, ho descritto la *lectio divina* nella maniera più semplice, ma ci sono molti altri modi. L'esperienza di ciascuno può suggerire anche nuovi approfondimenti.

3. Potrebbe essere interessante, partendo dall'esempio che ho dato io, provare a elaborare una *lectio divina* del brano immediatamente seguente (cioè Lc 2,21-38), perché di nuovo abbiamo un testo unitario del quale è possibile studiare la struttura, le parole chiave, i temi centrali, il messaggio e così fare un esercizio pratico che aiuti a far comprendere problemi, difficoltà e anche vantaggi di questo modo di avvicinare in preghiera la Scrittura.

Affido ora alla vostra riflessione questo passo che certamente è molto più ricco di quanto abbiamo potuto dire qui ma che in ogni caso certamente stimola, soprattutto in questo luogo, in questa città di Betlemme, la nostra riflessione e la nostra preghiera.

IL "POTERE" DI DONARE LA VITA
Lectio divina di Marco 2,1-12

Il testo evangelico (Marco 2,1-12)

[1]*E [Gesù] entrò di nuovo a Cafarnao dopo alcuni giorni. Si seppe che era in casa* [2]*e si radunarono tante persone, da non esserci più posto neanche davanti alla porta, ed egli annunziava loro la parola.* [3]*Si recarono da lui con un paralitico portato da quattro persone.* [4]*Non potendo però portarglielo innanzi, a causa della folla, scoperchiarono il tetto nel punto dov'egli si trovava e, fatta un'apertura, calarono il lettuccio su cui giaceva il paralitico.* [5]*Gesù, vista la loro fede, disse al paralitico: «Figliolo, ti sono rimessi i tuoi peccati».* [6]*Erano là seduti alcuni scribi che pensavano in cuor loro:* [7]«Perché costui parla così? Bestemmia! Chi può rimettere i peccati se non Dio solo?».* [8]*Ma Gesù, avendo subito conosciuto nel suo spirito che così pensavano tra sé, disse loro: «Perché pensate così nei vostri cuori?* [9]*Che cosa è più facile: dire al paralitico: "Ti sono rimessi i peccati", o dire: "Alzati, prendi il tuo lettuccio e cammina"?* [10]*Ora, perché sappiate che il Figlio dell'uomo ha il potere sulla terra di rimettere i peccati,* [11]*ti ordino – disse al paralitico – alzati, prendi il tuo lettuccio e va' a casa tua».* [12]*Quegli si alzò, prese il suo lettuccio e se ne andò in presenza di tutti e tutti si meravigliarono e lodavano Dio dicendo: «Non abbiamo mai visto nulla di simile!».*

Ci disponiamo a leggere il brano della guarigione del paralitico secondo il racconto dell'evangelista Marco, e lo facciamo a partire da alcune domande e considerazioni che riguardano il senso del peccato e del castigo.

Il senso del peccato è ancora fortemente radicato anche se un po' distorto; di fronte ai drammi della vita, esso porta taluni a domandarsi: perché questa punizione a me? Che cosa ho fatto di male? Il senso del castigo è molto forte nei malati, nei carcerati, e quindi non possiamo dire che sia scomparso, anche se assume delle forme certamente un po' diverse da quello che dovrebbe essere il vero significato. Così pure dobbiamo ammettere che nella nostra società c'è un forte senso delle ingiustizie, verso le quali c'è un senso di rivolta molto pronunciato: pensiamo alle lotte per le pari opportunità, per l'uguaglianza assoluta fra tutti; come sappiamo, gli omosessuali si basano proprio su questo senso di uguaglianza per richiedere la loro parità. Analogamente, la nostra società ha molto forte il senso degli abusi, della corruzione finanziaria e politica, della dignità umana e dell'ingiustizia, quando viene calpestata. Tutto questo è molto sentito, quindi non possiamo dire che nella nostra società il senso del peccato sia assente; c'è un senso etico, anche se molto diminuito, molto illanguidito.

Certamente, a mancare è il senso religioso del peccato, cioè l'offesa alla bontà di Dio, la sua percezione come rottura dell'alleanza d'amore. Per essere capito, questo brano va collocato nel quadro del nostro mondo, che fa fatica a coglierne la forza perché è un contesto etico giustizialista, colpevolista, che percepisce molto poco il peccato come offesa di Dio; e, del resto, si può dire che sia sempre stato un po' così. Il sentimento del peccato come offesa di Dio presuppone una rivelazione della bontà di Dio accolta con cuore aperto e quindi è raro; proprio per questo, il peccato ha sempre a che fare con la confusione e lo smarrimento nel cuore dell'uomo, e dunque il nostro sforzo per approfondirne il senso è da ricominciare senza sosta in ogni epoca.

Lectio divina

Queste le premesse per entrare nel merito del brano, così ricco e così complesso, di cui ora vogliamo cominciare la *lectio*.

Lectio

Si tratta di una *lectio* molto semplice, perché il testo è di tipo narrativo. Io l'ho articolato in sei parti, che si dividono quasi da sé:

1. Anzitutto (versetti 1-2) si presentano *il luogo*: Cafarnao (la casa probabilmente è quella di Pietro, che oggi si è cercato di ricostruire e che possiamo contemplare); *il tempo*: alcuni giorni dopo la narrazione precedente[1]; e *l'occasione*: quella di una folla tanto numerosa da non esserci più posto neanche davanti alla porta. Gesù annunzia la Parola in questa situazione un po' disagevole: non c'era infatti la comodità delle nostre chiese dove la gente sta seduta e ascolta, c'erano persone in piedi che si accalcavano, che spingevano; Gesù viveva queste circostanze non sempre favorevoli all'annuncio della Parola. Questo è dunque il quadro nel quale si situa il racconto.

2. Secondo momento (versetti 3-4): *la presentazione del personaggio*. Chi è? Non si sa come si chiami: è un paralitico, cioè un

---

[1]   Il capitolo 1 di Marco si conclude con il racconto di episodi di guarigione operati da Gesù attraverso la Galilea.

uomo che non può aiutarsi, portato addirittura da quattro persone, quindi senza alcuna possibilità di movimento, probabilmente neanche di parola. Si crea così la curiosa situazione del paralitico che viene calato giù dal tetto. È un fatto un po' unico nei vangeli, un fatto curioso che però rende bene l'idea della folla che vuole ascoltare Gesù e non permette ad altri di entrare, e nel contempo la volontà di questa gente di presentargli il malato. Notiamo quindi la grande fede di questi portatori e probabilmente del paralitico stesso.

3. Il terzo momento è il versetto 5: *il perdono*. È sorprendente, perché noi ci aspetteremmo di leggere: "Gesù, vista la loro fede disse al paralitico: Alzati e cammina". Invece la sorpresa: «Vista la loro fede disse al paralitico: "Figliolo, ti sono rimessi i tuoi peccati"». Una parola del tutto inattesa.

4. Non stupisce quindi che la quarta parte del brano, i versetti 6 e 7, descriva *la meraviglia degli scribi*, ma anche di tutti i presenti: chi può rimettere i peccati se non Dio solo? Come può costui parlare così? E questa osservazione è vera, perché tutta la Bibbia parla di Dio che rimette i peccati. Ricordiamo il famoso salmo 50(51): «Pietà di me, o Dio, secondo la tua grande misericordia, nel tuo grande amore perdona il mio peccato»; e ancora il salmo 129(130), il *De profundis*: «Presso di te è il perdono». Il perdono è unicamente di Dio, per cui questa meraviglia è legittima e fa supporre un mistero in Gesù: il mistero di Gesù emerge prepotentemente in questo brano ancor più che in un semplice brano di miracolo.

5. La quinta parte è *la risposta di Gesù* (versetti 8-11): «Gesù, conoscendo che dicevano così, disse: "Perché pensate così nei

vostri cuori?"». Gesù conosce il cuore dell'uomo, e questo è prerogativa di Dio: Dio che «scruta il cuore e le reni degli uomini», cioè che guarda dentro. «Che cosa è più facile: dire al paralitico: Ti sono rimessi i tuoi peccati, o dire: Alzati e prendi il tuo lettuccio?». Dare una risposta non è semplice, perché se dire "Ti sono rimessi i tuoi peccati" non pone problemi, più difficile è compiere il miracolo, ma ancora di più rimettere *davvero* i peccati. Quindi Gesù fa entrambe le cose: «Perché sappiate che il Figlio dell'uomo ha il potere sulla terra di rimettere i peccati – notiamo bene: "Figlio dell'uomo", "potere sulla terra di rimettere i peccati" – ti ordino: alzati, prendi il tuo lettuccio e va' a casa tua». Qui c'è dunque l'ordine rivelatore di Gesù: un ordine che svela ciò che Gesù è, ciò che egli ha di potenza miracolosa e perdonante e di conoscenza del cuore dell'uomo.

6. L'ultima parte, il versetto 12, è *l'esecuzione dell'ordine*: «Si alzò, prese il lettuccio, e se ne andò in presenza di tutti». E la dossologia finale: «Tutti si meravigliarono e lodavano Dio dicendo: "Non abbiamo mai visto nulla di simile"».

Dunque il brano è molto semplice ma, come vedete, molto potente. Forse può essere utile, sempre nell'ambito della *lectio*, dare uno sguardo ai paralleli sinottici. Quando si legge un testo, si comincia con l'individuarne le sezioni, con lo strutturarlo; poi ci si può anche domandare: che cosa dicono i passi paralleli?

Si tratta di un brano importante perché è presente in Matteo, Marco e Luca. Nella sua essenza è identico; Matteo (9,1-8) lo situa in un altro momento della vita di Gesù, cioè dopo l'esorcismo nel paese dei Gadareni, e non parla dello scoperchiamento del tetto, che è un particolare certamente curioso ma un po' secon-

dario. Invece, ciò che è importante in Matteo è la conclusione: «Si
meravigliavano, perché Dio aveva dato un tale potere agli uomini»; in questa frase c'è probabilmente un riflesso del potere che
Gesù darà ai suoi di rimettere i peccati, cioè: «Ciò che scioglierete
sulla terra sarà sciolto anche in cielo» (Mt 16,19; 18,18); «A chi
rimetterete i peccati saranno rimessi» (Gv 20,23). Perciò, giustamente, Matteo legge l'episodio nel quadro del potere di rimettere
le colpe dato alla Chiesa, e quindi è certamente un episodio molto
significativo dal punto di vista ecclesiologico. Luca (5,17-26) non
presenta ulteriori particolari originali; lo colloca però in un luogo
non determinato, non a Cafarnao. Sempre in riferimento ai passi
paralleli, gli esegeti ricordano anche la guarigione del paralitico
alla piscina di Betzata, a Gerusalemme (cfr. Gv 5,1-16), che ha
qualche punto in comune nell'accenno alla remissione dei peccati, e nel fatto che l'infermo prenda il suo lettuccio e che Gesù gli
dica: «Non peccare più».

Questa è dunque la *lectio*, al termine della quale possiamo individuare il punto centrale dell'episodio, l'espressione chiave di tutto il brano, che qui è certamente: «Ti sono rimessi i tuoi peccati».

Meditatio

Passiamo ora al secondo momento della *lectio divina*, la
meditatio. Che cosa costituisce questo episodio? Certamente è un
episodio chiave, perché corrisponde al nome di Gesù così come è
spiegato in Mt 1,21: «Gesù salverà il suo popolo dai suoi peccati».
È infatti la definizione del nome di Gesù ad essere illustrata in questo brano.

Attraverso la *meditatio* possiamo esprimere i valori del testo.
Io ne ricordo alcuni, ma ve ne sono molti altri. Anzitutto il fatto
che Dio solo rimette i peccati: rimettere i peccati, infatti, è opera
divina. Secondo: Gesù salva dai peccati, quindi Gesù ha preroga-

tive divine, a lui è dato un potere che è proprio di Dio solo. Questa remissione dei peccati fatta dall'uomo Gesù mette in crisi tutto il sistema penitenziale del tempio, che poneva la remissione in relazione con i sacrifici: se c'è un uomo che rimette i peccati allora tutto questo è superato. Così si spiega anche l'opposizione frontale contro questa parola di Gesù.

C'è un articolo molto interessante di uno studioso tedesco, Josef Blank, che approfondisce questo concetto a mio parere molto significativo[2]. La remissione dei peccati era legata al tempio, ai sacrifici e soprattutto allo Yom Kippur, il giorno dell'espiazione. Ma se qui c'è un uomo che rimette i peccati, tutto questo cade: si comprende quindi la difesa di tutti coloro che vivono del tempio contro questa novità assoluta, inaudita, che cambia l'intera situazione sacrificale e, d'un colpo, la supera. Tutto ciò nel brano è appena accennato, però, letto in filigrana, ce ne dà il senso forte, che è poi ciò che dirà san Paolo nella lettera ai Romani (3,21 ss.) traendo le conclusioni di questo atteggiamento di Gesù: «Si è manifestata la giustizia di Dio indipendentemente dalla legge, giustizia di Dio per mezzo della fede in Gesù Cristo, per tutti quelli che credono. Tutti hanno peccato, ma sono giustificati gratuitamente per la sua grazia – non per merito dei sacrifici del tempio, quindi –, in virtù della redenzione realizzata da Cristo Gesù». E soprattutto è importante il v. 25: «Dio lo ha prestabilito a servire come strumento di espiazione – quindi è lui lo Yom Kippur –, per mezzo della fede, nel suo sangue, al fine di manifestare la sua giustizia. Egli manifesta

---

[2]   Nell'impossibilità di risalire all'esatto riferimento bibliografico, citiamo alcuni dei contributi in cui Blank tratta l'argomento: "Lernprozesse im Jüngerkreis Jesu", in *Tehologische Quartalschrift* 158 (1978), pp. 163-177; (con J. Werbich), *Sühne und Versöhnung* (Theologie zur Zeit, I), Düsseldorf 1986, pp. 21-91; "Sul concetto di 'potere' nella Chiesa. Prospettive neotestamentarie", in *Concilium* 3 (1998), pp. 19-32.

la sua giustizia nel tempo presente, per essere giusto e giustificare chi ha fede in Gesù».

Dunque il brano ci riporta al cuore dell'attività di Gesù, quella di rimettere i peccati. È un testo che viene richiamato anche da Luca nell'episodio del perdono alla donna peccatrice: «Le sono perdonati i molti peccati perché ha molto amato» (Lc 7,47). E poi: «Ti sono rimessi i tuoi peccati» (Lc 7,48).

Anche in questo frangente Gesù manifesta il suo potere, quel potere che egli dichiarerà essere tipico del Nuovo Testamento nelle parole conclusive del vangelo di Luca (24,46-47): «Così sta scritto: il Cristo dovrà patire e risuscitare dai morti il terzo giorno e nel suo nome saranno predicati a tutte le genti la conversione e il perdono dei peccati cominciando da Gerusalemme». Ecco, è questa nuova economia ad essere già presentata: è la nuova economia di cui poi parleranno ampiamente la lettera ai Romani, la lettera agli Ebrei e soprattutto la prima lettera di Giovanni, che ha espressioni molto significative in proposito: «Il sangue di Gesù suo Figlio ci purifica da ogni peccato» (1Gv 1,7). Ecco la nuova forma di remissione dei peccati. Recita ancora 1Gv 2,1-2: «Se qualcuno ha peccato abbiamo un avvocato presso il Padre, Gesù Cristo giusto. Egli è vittima di espiazione per i nostri peccati, non soltanto per i nostri, ma anche per quelli di tutto il mondo». Qui c'è la totalità dell'azione di Cristo che nel nostro brano è appena accennata ma che, letta alla luce del Nuovo Testamento, acquista un valore cosmico, universale.

Aggiungo ancora: Gesù salva dai peccati con il dono della sua vita, il suo sangue è il dono della sua vita. Un'ulteriore riflessione potrebbe essere fatta con l'ausilio di qualche brano di san Paolo: Gesù ci salva dal peccato non soltanto dando la vita, morendo per noi, versando per noi il suo sangue, ma vivendo in qualche modo la condizione del peccatore. Questa è un'affermazione molto difficile da approfondire fatta da alcuni teologi contemporanei, in particolare Hans Urs von Balthasar, che vedono nell'agonia di Gesù, nella sua passione, non solo una sofferenza per condizioni fisiche umilianti, ma anche una qualche separazione dal Padre: Gesù, quindi, vive la condizione del peccatore e la vive con umiltà e fiducia fino alla fine, ristabilendo così la giustizia perfetta e facendo risalire l'uomo dal peccato che l'aveva separato dal dono dell'alleanza. Questa riflessione evidentemente è già più teologica, però certamente un brano come questo invita ad andare avanti, a dire: Gesù, pronunciando queste parole, si è coinvolto fino in fondo, ha dato fino in fondo tutto se stesso. Allora possiamo capire qual è la forza della Chiesa di rimettere i peccati: è questa forza di Gesù, straordinaria, che cambia il corso del mondo, che riconcilia l'umanità con Dio, il quale prende su di sé il peccato dell'uomo per viverlo a pieno in condizione di umiltà, di obbedienza e di abbandono. E la Chiesa ha questo tesoro: questo è il tesoro che noi amministriamo.

Possiamo aggiungere, come ultima considerazione, che anche la salute recuperata dal paralitico è il segno della remissione del peccato, quella pace, quella capacità di godere delle proprie forze anche naturali che si ristabilisce quando l'uomo ritrova la sua condizione di alleanza con Dio. C'è anche una forma di salute morale, spirituale, in qualche modo anche fisica, che viene restituita e che è soprattutto significata dal sacramento dell'unzione degli infermi.

Ecco, tutto questo è la ricchezza di questo brano. Come vedete, la via è lunga. Io ho indicato solo alcuni spunti di meditazione, ma certamente un testo così si presta molto anche a riflettere su che cosa sia la remissione dei peccati e, nel mondo di oggi, sull'importanza di questa remissione per la sanità del corpo umano, del corpo dell'umanità e per la missione della Chiesa.

Contemplatio

Da ultimo qualche elemento di contemplazione, che credo possa seguire vari sentieri.

Anzitutto quello che è suggerito dal brano stesso: «Tutti si meravigliarono e lodavano Dio dicendo: "Non abbiamo mai visto nulla di simile"». La *contemplatio* è lodare Dio: ti ringraziamo, Signore, perché questa cosa incredibile che è la guarigione, la salvezza del peccatore, tu l'hai operata a prezzo del dono del tuo Figlio. La contemplazione diventa quindi lode di Dio, ringraziamento per il perdono ottenuto dei nostri peccati, memoria delle nostre confessioni passate: diventa una riflessione su di noi.

Ma la contemplazione, per noi sacerdoti, può imboccare anche un altro sentiero: la gratitudine per il nostro potere di rimettere le colpe e la domanda: come utilizziamo questo potere? Come aiutiamo veramente la gente a risorgere dall'errore? Il Papa l'ha posta molte volte; di solito, quando parla della confessione, il Pontefice parla dei confessori, dei loro doveri, delle loro prerogative, dei loro doni. La *contemplatio* può dunque seguire questa via di riflessione su di sé, sul proprio ministero di remissione dei peccati, e quindi anche una via più ecclesiale: come la Chiesa tiene vivo il senso del peccato e aiuta l'uomo a risorgere? Dunque una riflessione sulla parrocchia, sulle sue iniziative per preparare alla confessione, al senso del peccato e al senso del perdono; su tutta quanta la predicazione cristiana vista come servizio a liberare l'uomo dalla paura della colpa, della dannazione, del castigo e a infondergli il senso del peccato come lesione dell'amore divino, che Dio restaura.

Conclusioni

Prima di concludere, vorrei citare un passo di don Giuseppe Dossetti (il quale visse a lungo a Gerusalemme) che mi ha molto colpito. Un po' pessimisticamente, come era suo solito poiché per natura era piuttosto pessimista, egli diceva: «La Scrittura, nella nostra cristianità, la si sente al massimo come un aiuto per la riflessione cristiana, invece il rapporto con essa è un rapporto diretto, nuziale; è la pienificazione delle nostre potenze sovrannaturali, è l'esercizio in atto di queste potenze della nuova intellezione, del nuovo intelletto, della nuova sapienza, dei nuovi gusti. La frequentazione abituale della parola di Dio ci muta completamente come sensibilità, intuito, gusto, sapienza, perché ci dona continuamente, con una elargizione munifica e generosissima, quello che ci comanda di fare». Questo è molto bello: "Ci dona quello che ci comanda di fare".

Parto da queste parole per esprimere alcune conclusioni, articolandole brevemente in sette punti:

1. L'impegno per una maggiore confidenza dei fedeli con la Sacra Scrittura corrisponde a un disegno di Dio per il nostro tempo, per affrontare un mondo complesso e pluralistico. Sono convinto che la familiarità con la Scrittura sia più importante oggi rispetto a due, tre secoli fa perché questo mondo complesso, a confronto tra l'altro con l'islam e le altre religioni, non si può affrontare se non con quella ricchezza storico-salvifica che dà la Scrittura.

2. Questa familiarità si deve esprimere anzitutto nella capacità di pregare a partire da un brano della Scrittura: è la pratica della

lectio divina di cui abbiamo così diffusamente parlato, che non esaurisce tutto il nostro rapporto con la Scrittura, ma ne è un momento privilegiato.

3. Abbiamo visto che la *lectio divina* è un esercizio semplice e accessibile a tutti nei suoi tre momenti: *lectio, meditatio, contemplatio*. Può essere espressa in altri modi più complessi – e qui rimando ai libri di Giorgio Zevini[3] e Francesco Mosetto[4] – ma personalmente ho preferito rimanere al nucleo, perché mi pare che sia molto semplice e la gente lo comprenda senza fatica. Negli anni del mio episcopato, mi sono sempre proposto di dire cose che possano essere ritenute a memoria con facilità, per evitare che le persone dicano: "Ha parlato bene, ma non sappiamo cosa ha detto". Al contrario, devono poter riportare facilmente alla memoria le idee fondamentali che sono state espresse: solo così esse rimangono.

4. La *lectio divina* è un esercizio di preghiera, quindi va preparata con l'adorazione e la purità di cuore e va chiesta come grazia: non è un esercizio qualunque dell'intelletto.

5. I sacerdoti e i religiosi sono chiamati a esserne maestri, e quindi a praticarla personalmente ogni giorno.

6. Le letture bibliche della liturgia offrono un contenuto facile e accessibile e permettono una *lectio* quasi continua di molte

---

[3] Cfr. la collana da lui curata per Queriniana dal titolo *Lectio divina per ogni giorno dell'anno* nonché, per lo stesso editore, il suo *La lectio divina nella comunità cristiana* (1999).
[4] Sacerdote salesiano, docente di Sacra Scrittura, ha pubblicato diversi volumi di commento al Nuovo Testamento.

parti della Scrittura: partiamo quindi da queste; poi potremo ampliarle, potremo anche fare un calendario di *lectio* completissimo: se però, per i primi anni, ci soffermeremo sulle letture liturgiche potremo veramente dire di aver già conosciuto il nucleo della Scrittura.

7. Abbiamo detto che la *lectio divina* è un grande aiuto per l'unità di vita del prete, ma lo è anche per quella del cristiano impegnato; anche molti nostri cristiani, infatti, sono lacerati da mille doveri: famiglia, parrocchia, politica, vita socio-assistenziale, e rischiano di venire meno. Perciò anche per loro la *lectio divina* sarà un momento di unità.

APPENDICE

PACE, DONO DI DIO
E CONQUISTA DELL'UOMO

Intervento del card. Martini in occasione dell'apertura
del Cammino di pace del Consiglio ecumenico delle Chiese di Milano
(Gerusalemme, 19 giugno 2004)

Il tema che mi è stato affidato, quello della pace, dello "shalom", mi sgomenta per la sua vastità teologica e spirituale. È un tema immenso, denso di significati. Basta pensare ai vari significati che la parola *shalom* ha nella Bibbia ebraica: prosperità – anche fisica –, buona salute, benessere, benevolenza, felicità, e "pace" come sintesi di tutte queste cose.

Anche se potrebbe sembrare una semplificazione eccessiva, tuttavia può essere interessante fare un riferimento alle diverse etimologie della parola "pace" in alcune lingue antiche. Sembra che il greco *eirene* designasse soprattutto l'assenza di guerra, mentre il latino *pax* indica lo stare ai patti, l'osservare i trattati; *shalom*, infine, è la pienezza dei beni, la positività senza limiti. Ci troviamo di fronte a un tema senza fine ma anche molto logorato perché oggi tutti parlano di pace, tutti vogliono la pace, tutti manifestano per la pace. Ciascuno, poi, a suo modo e possibilmente senza pagarne il prezzo. Quindi è un tema che per qualche tempo si vorrebbe persino sospendere dal vocabolario, proprio perché rischia di logorarsi, di inflazionarsi. Io mi limiterò a suggerire qualche seme di riflessione che ho maturato in modo particolare vivendo in questo Paese, a partire dalle situazioni con le quali sono in contatto.

Anzitutto una cosa che a me pare ovvia, ma che spesso si dimentica: occorre distinguere tra la pace del mondo – anche in senso buono, pace sociale e politica – e la pace di Gesù. Gesù, nel vangelo di Giovanni (14,27), dice: «Vi lascio la pace, vi do la mia pace, non come la dà il mondo». C'è una distinzione e bisogna accettarla; su di essa il Nuovo Testamento ritorna altre volte, per esempio nella seconda lettera ai Tessalonicesi (3,16): «Il Dio della pace vi dia egli stesso la pace sempre e in ogni modo», e questa non è la pace del mondo, la quale non è certamente "sempre e in ogni modo" ma è combattuta e continuamente da rifare. Quindi la pace dono di Dio è qualcosa di molto più grande della pace del mondo. E come dice san Paolo ai Filippesi (Fil 4,7), questa pace di Dio «sorpassa ogni intelligenza», mentre la pace del mondo è a portata dell'intelligenza umana; quella sorpassa ogni intelligenza ed è quindi dono di Dio, che deve custodire i nostri cuori e i nostri pensieri in Cristo Gesù. Dunque questa pace è distinta dalla pace del mondo, è dono di Dio, è frutto della preghiera e può essere data anche in circostanze totalmente avverse. Mi ha colpito molto il colloquio con un giovane padre di famiglia palestinese, che mi diceva: «Se la pace non è dentro di noi, tutto il resto non conta». Che ci sia la pace nei cuori è dono del Signore: dobbiamo anzitutto chiederla.

Tuttavia, tra la pace di Dio, la pace del cuore e la pace di questo mondo vi sono molteplici relazioni. La pace del cuore è in rapporto per così dire "genetico" con la pace del mondo, con la pace sociale e politica, perché la pace del cuore non può che esprimersi nei rapporti sociali, rapporti di pace, di giustizia, di accoglienza. E ci sono rapporti che definirei anche di tipo escatologico, perché la pace politica, nel suo senso più nobile, tende all'unità del genere umano, a creare le condizioni per una pace universale, definitiva, quindi in qualche maniera rimane analoga e tende verso la pace piena che è dono di Dio. Il Concilio Vaticano II ha prodotto una frase molto efficace a questo proposito: «La pace terrena è immagine ed effetto della pace di Cristo che promana da Dio»[1]. Quindi

---

[1]   *Gaudium et Spes*, 78.

innanzitutto c'è la pace di Cristo che deriva da Dio, che però a sua immagine promuove una pace terrena: c'è dunque un legame tra le due, ed esiste perciò una responsabilità delle Chiese, non solo a livello di assistenza e di carità, ma soprattutto a livello di promozione del dono interiore.

La terza riflessione può apparire un po' pessimistica. La pace di questo mondo, che pure è così desiderabile e per la quale ci impegniamo, parte da un contesto sempre un po' ristretto. Istintivamente, anche se non esplicitamente, ha dei confini. È pace e sicurezza per la mia famiglia, per il mio clan, per il mio popolo, per il mio gruppo, per la mia nazione, e solo con fatica allarga i suoi orizzonti. Vorrei citare una frase di Primo Levi, tratta dal libro *Se questo è un uomo*, che pessimisticamente, ma realisticamente, dice: «A molti individui o popoli può accadere di ritenere più o meno consapevolmente che ogni straniero è nemico. Perlopiù questa convinzione giace in fondo agli animi come una infezione latente. Si manifesta solamente in atti saltuari e non coordinati e non sta all'origine di un sistema di pensiero. Ma quando questo avviene, quando il dogma inespresso diventa premessa maggiore di un sillogismo, allora al termine della catena sta il lager. La storia dei campi di distruzione dovrebbe venire intesa da tutti come un sinistro segnale di pericolo». Dunque dobbiamo tenere conto di questa minaccia che è dentro il nostro cuore. La pace di questo mondo implicitamente ha dei confini, e solo con fatica li supera.

È invece la pace di Dio a non averne. Visitando Betlemme, sentirete risuonare la frase «pace in terra agli uomini che Dio ama»: questa pace non ha confini. È anche annunciata qui a Gerusalemme, come ci dice Giovanni (20,26): «Gesù si fermò in mezzo a loro e disse: "Pace a voi"». Ecco, questa è pace senza confini, è pace che non ha alcuna remora, che non ha alcuna chiusura.

Un'altra riflessione: la pace è un rischio. Da diverse persone che sono state molti anni in questo Paese, venendo da un altro continente, ho sentito fare questa affermazione: «Qui tutti vogliono la pace, però nessuno vuole pagarne il prezzo». La pace ha un prezzo. La pace si paga. Il brano che si legge nel vangelo secondo Matteo (5,39-40) è drammaticamente incisivo nel farci capire il prezzo della pace: «Se uno ti percuote la guancia destra, porgigli anche l'altra; e a chi ti vuole chiamare in giudizio per la tunica, tu lascia anche il mantello».

Sono parole che si dicono, si leggono, ma poi la vita le smentisce quotidianamente, perché sono un intervento di Dio nella storia umana. Eppure hanno anche una ragione umana e civile. Ciò che ho trovato di più bello su questo argomento è il messaggio di Giovanni Paolo II per la Giornata mondiale della pace del 2002, dal titolo, che già spiega bene il tema: *Non c'è pace senza giustizia, non c'è giustizia senza perdono*. Questo documento mostra molto chiaramente che il perdono ha anche un valore civile e politico, e che anche il rinunciare a qualcosa a cui si avrebbe diritto in via teorica, ha il medesimo valore. Finché non si arriverà a questo, ma si vorrà a tutti i costi ciò che ci spetta, facendo semplicemente l'elenco delle nostre ragioni, non si arriverà alla pace, perché non si sarà voluto pagare niente. La pace invece ha un costo, richiede un compromesso anche nel senso di lasciar cadere alcuni diritti rivendicati; è chiaro che poi saranno le trattative a individuare quali. Se però si parte con la sola idea che bisogna conservare la totalità dei propri diritti, non sarà possibile arrivare umanamente alla pace. Questo è un punto che sento molto, e credo che l'esperienza quotidiana lo confermi in continuazione.

Il sesto pensiero che vi lascio è che la pace, in un mondo segnato dal peccato, suppone costante volontà di perdono; questo anche nelle famiglie, all'interno delle comunità, tra le Chiese, e poi ancora di più nel contesto civile. Uno dei punti sui quali ho molto insistito nel mio ministero a Milano è che il perdono ha anche un rilievo nel diritto penale: tutto ciò che riguarda la pena, il carcere, la difesa, i crimini, la punizione non può essere gestito sulla base della sola e pura giustizia dei codici, ma richiede anche questo aspetto. Anche nazioni che sono riuscite a superare situazioni drammatiche di divisione, per esempio il Sudafrica e il Perù, si sono fondate non solo sulla verità e sulla giustizia, ma anche sulla riconciliazione. Penso in questo momento a tutti i detenuti che ho incontrato in questi anni a Milano. Ho sempre detto loro che il nostro sistema penale è da riformare, con questa sua insistenza quasi esclusiva sulle carceri: esso va superato, lasciandoci ispirare anche da pagine evangeliche che possono apparire fuori dal mondo ma che in realtà incidono molto nella carne di una umanità peccatrice.

Una settima riflessione riguarda i conflitti. Essi sono sempre il risultato di passioni umane. Lo dice chiaramente la lettera di Giacomo (4,1-2) in un testo molto esplicito: «Da che cosa derivano le liti che sono in mezzo a noi? Non vengono forse dalle vostre passioni che combattono nelle vostre membra? Bramate e non riuscite a possedere e uccidete. Invidiate e non riuscite ad ottenere. Combattete e fate guerre». Senza una lotta contro le passioni umane, contro l'idolo della potenza, del successo, della superiorità sull'"altro", senza una lotta contro tutto questo non c'è un cammino reale di pace. E queste cose, come diceva già Primo Levi nel brano che ho citato, sono dentro di noi. Quindi, mentre portiamo dei messaggi di pace agli altri, siamo invitati a esaminarci dentro: perché i germi della guerra sono anche dentro di noi.

Infine, come ultimo pensiero, vorrei esprimere l'importanza della preghiera di intercessione per la pace. Se la pace è dono di Dio, se da questo dono può nascere un processo di pacificazione, allora occorre una preghiera di intercessione che si unisca alla preghiera di Gesù, quella di cui parlano Rm 8 ed Eb 7 (Gesù che sempre intercede per noi). E quindi la nostra preghiera raggiunge in qualche modo quella di Gesù, perché la nostra è molto povera. Io cerco di vivere qui la preghiera di intercessione, anzi le ho dato il primo posto, la priorità su tutto ciò che intendo fare qui a Gerusalemme, però proprio per questo sento la povertà estrema di questa preghiera. Ora sento che questa goccia si unisce al fiume di preghiera che nasce da tutte le Chiese, da tutte le comunità cristiane, da tutte le comunità che pregano, anche fuori dall'ambito cristiano; tutte queste preghiere costituiscono un fiume, un mare, e questo mare è tutto riassunto nella preghiera di intercessione di Gesù al Padre, quindi è una preghiera efficace.

Il vostro cammino sarà dunque accompagnato dalla preghiera e sarà questa la carta decisiva su cui puntare. Dobbiamo giocare anche tutte le altre, ciascuno secondo le sue responsabilità, ma questa è la carta decisiva, quella che unisce il cielo e la terra, che fa sì che la pace di Dio risplenda nei nostri cuori e si diffonda come per contagio, aiutando molti. Stando qui a Gerusalemme si conosce un ricchissimo sottobosco positivo di rapporti di dialogo, di buona volontà, di mutuo servizio, di accoglienza del diverso, di perdono, che arricchisce questa realtà. Purtroppo è una voce che non sempre viene raccolta dai mass media, o ascoltata dai politici. Ma certamente, quanto più ci saranno persone che cercano con sincerità la pace, l'accoglienza, il rispetto dell'altro, il dialogo, il perdono, la riconciliazione, tanto più tutto questo un giorno inciderà anche a livello politico, si avrà un segno della pace fondamentale che è nel cuore di ciascuno di noi e che auguro a tutti voi come frutto di questo cammino.

GLI ULTIMI ANNI
DEL CARDINAL MARTINI

*Il ricordo di mons. Giovanni Giudici, vescovo di Pavia,
e di padre David M. Neuhaus SJ, vicario del Patriarcato Latino
di Gerusalemme per i cristiani di espressione ebraica*

Il vescovo di Pavia, mons. Giovanni Giudici, è stato vicario generale del cardinale Carlo Maria Martini per 11 anni, nella seconda parte del suo ministero episcopale a Milano. In quella veste seguì da vicino anche il congedo del cardinale dal capoluogo lombardo nel settembre 2002 e la sua partenza per Gerusalemme.

Come aveva sempre desiderato, il cardinale gesuita soggiornò per lunghi periodi nella Città Santa fino alla primavera 2008, quando il peggiorare delle condizioni di salute lo costrinse a tornare definitivamente in Italia.

Anche negli ultimi anni mons. Giudici ha tenuto rapporti stretti con Martini. Gli abbiamo chiesto qualche ricordo sul periodo del cardinale a Gerusalemme.

Vi è un curioso aneddoto che, in tempi non sospetti, mette in relazione il card. Martini con Gerusalemme. A circa dieci anni dall'inizio dell'episcopato di Martini a Milano, comparve la notizia, non ricordo in quale circostanza, che egli avesse preparato la sua tomba a Gerusalemme.

La voce era così singolare che si fece strada nel dialogo informale, al punto che un prete, durante un viaggio in Terra Santa, fotografò non so quale cimitero. Ed esibiva la foto, con una sorta di affetto segnato da umorismo, per la verità assai discutibile.

Interrogato sull'informazione, il cardinale ci spiegò che tutto l'equivoco poteva essere stato causato da un fatto concreto; egli, come ricordava, durante gli anni in cui era responsabile della comunità dei gesuiti in Terra Santa, aveva ritenuto opportuno preparare un posto per un eventuale lutto, non impossibile in una comunità.

Questa storia aggiungeva un tocco di segreto e di enigma a quelle non infrequenti allusioni che, da arcivescovo di Milano, Martini aveva più volte espresso pubblicamente: il fatto che tre città avessero segnato la sua vita, Roma, Milano e Gerusalemme. Così si manifestava un desiderio ancora vago, ma evidentemente coltivato nel tempo, di trascorrere l'ultimo periodo della sua vita a Gerusalemme.

Quando, alla vigilia delle dimissioni previste allo scadere dei 75 anni d'età, si trattò di dar seguito a quella decisione, se ne discusse in privato per chiarire tutti gli aspetti concreti che la scelta implicava. In quei passaggi vi era evidentemente lo stile di riservatezza che sempre circondava la vita personale di Carlo Maria Martini. Ma vi era anche un altro aspetto molto signifi-cativo: il cardinale fece capire, e lo disse anche espressamente, che intendeva rientrare nell'obbedienza alla Compagnia di Gesù e quindi sentiva di dover ascoltare i superiori della Provincia ita-liana dei gesuiti.

In varie occasioni, tra il 2002 e il 2008, gli ho fatto visita nella casa dei gesuiti a Gerusalemme, e da lui sono stato invitato. Alcu-ne volte mi veniva incontro sulla porta; altre volte lo trovavo nella biblioteca intento a cercare qualche volume; altre ancora, quando ormai la malattia faceva il suo effetto, mi chiedeva di raggiungerlo nella sua stanza.

Era un ambiente semplice, luminoso, con due finestre che gli permettevano di guardare sia verso la Porta di Jaffa sia su Botta Street. Infatti gli sentii raccontare a qualche gruppo di come ve-desse sorgere il sole, anche d'inverno, e di come godesse del tra-monto estivo. L'arredamento era semplice: un letto, una scriva-nia, un tavolo, una poltrona. Pochi i libri (il cardinale attingeva ai volumi della biblioteca della casa). In compenso vi erano un computer e un registratore digitale.

A Gerusalemme Martini si rendeva disponibile a parlare con i gruppi di pellegrini milanesi, ma anche italiani o esteri che avessero avuto un contatto con lui. Lo si incontrava; iniziava la riflessione con alcune annotazioni personali a proposito di questo suo tempo in Terra Santa, e poi fiorivano le domande.

Si rendeva anche disponibile a predicare esercizi o ritiri spirituali. Parecchi gruppi di presbiteri ordinati nello stesso anno si organizzavano per chiedere a lui il dono degli esercizi. Quando, con la classe di ordinazione cui appartengo, gli chiedemmo di predicarci gli Esercizi Spirituali ci preparò una puntuale e affascinante riflessione a partire dalla prima lettera di Pietro.

Talvolta la voce cedeva; ma l'intero corso fu memorabile, e intensa in particolare fu la proposta della "prova" di Gesù contenuta nella lettera di Pietro; dal fisico del cardinale, segnato dalla debolezza, diventava ancora più comprensibile il tema, a lui caro da sempre, dell'umiltà di Gesù, come egli si espresse in quella circostanza, «porta della Trinità!».

Ricordo che, in un'occasione in cui andai a trovarlo, predicava al gruppo dell'Ordo Virginum di Milano. Incurante della fatica e della difficoltà di portare il cibo alla bocca, volle a tutti i costi onorare l'ospitalità invitandomi a pranzo in un piccolo ristorante arabo. Un amico sacerdote mi narrò che, durante la predicazione di un corso di esercizi sulla lettera ai Romani per un gruppo di sacerdoti, ebbe una crisi respiratoria e dovette essere accompagnato in ospedale.

Insomma, la disponibilità del cardinale, che da sempre impensieriva i suoi più immediati accompagnatori, a un certo punto non poteva essere sostenuta dal fisico indebolito: troppo affollate di visite risultavano le sue giornate, troppo pesante diveniva oramai per le sue forze la predicazione degli Esercizi Spirituali.

Giunse così la decisione di tornare definitivamente in Italia. Martini, si può dire, è rimasto a Gerusalemme, scelto come suo campo di impegno, fino a che le forze glielo hanno consentito. Avremmo sperimentato anche in seguito questa sua stessa capacità di accettare debolezza e disabilità fisica, in maniera da non lasciarsene condizionare, fino a quanto ciò gli era possibile. Egli infatti, ospite a Gallarate (Varese) presso l'istituto Aloisiamum, e ormai provato nel fisico, ricevette amici e accolse parenti fino all'ultimo respiro. E mostrava di essere consolato dalla presenza delle persone, anche quando la comunicazione era ormai ridottissima.

Il cardinale, del resto, ha sempre vissuto la sua malattia come un male contro cui combattere con decisione e guardandolo in faccia. Ne parlava con molta chiarezza quando lo si andava a trovare; rifletteva sui sintomi; narrava la caduta per strada; ricordava l'angoscia della mancanza di respiro nella notte. Ma non si trattava di un lamento o di una richiesta di attenzione pietosa. Parlando dei suoi malanni, dava sempre l'impressione che primario in lui fosse un impegno forte, deciso e personale nel contrastare il danno fisico causato dalla malattia. Non dunque un guardarsi come ammalato.

Con un simpatico orgoglio diceva spesso che il medico curante gli aveva detto che lo trovava bene, che si congratulava per la fedeltà alle cure, agli esercizi fisici. Ricordo la libertà e il sottile umorismo con cui mi avvertì che avrebbe definitivamente abbandonato Gerusalemme per tornare in Italia. «Sai – mi disse – questa casa dove abito è in grado di ospitare uno che deve morire, ma non un ammalato...».

Fino a quando fu deciso il trasferimento presso l'infermeria dei gesuiti a Gallarate, Carlo Maria Martini divideva il suo tempo tra Gerusalemme e la casa di ritiri spirituali tenuta dai gesuiti a Galloro, alle porte di Roma. Il mio dialogo con lui, molto fitto e quotidiano ai tempi in cui ero stato suo vicario generale, ora si svolgeva attraverso incontri personali, visite e lettere. Era molto disponibile anche per telefono, e fu lui stesso a farmi conoscere la comunicazione via *Skype*.

La diocesi di Milano promosse anche un pellegrinaggio diocesano per incontrarlo (nel 2007) e una delegazione gli fu vicina nella singolare occasione della sua laurea *honoris causa* all'Università ebraica di Gerusalemme nel giugno 2006.

Per quanto riguarda il popolo ebraico, il cardinal Martini ha sempre mostrato, nei confronti della sua esperienza di popolo e di singole persone, un grande rispetto. Egli ricordava che l'ebraismo nei secoli ha espresso una cultura molto singolare. Non fatta di grandi realizzazioni architettoniche, come quelle costruzioni che emergono nel deserto di Siria o di Iran... Semmai una cultura di etica e di pensiero che non ha eguali. Ci invitava a considerare il rapporto degli ebrei con la cultura occidentale: Spinoza, Mann, Kafka, Einstein, Levinas, Freud, Marx... Ciascuno a suo modo un gigante del pensiero e dell'esperienza umana.

Volentieri ricordava che in Gerusalemme la preghiera si eleva verso Dio con una intensità e una quantità di voci che non si incontra in altri luoghi della terra. In particolare indicava la singolare forza delle preghiere del popolo ebraico. E annotava che ogni passaggio a Gerusalemme non può prescindere dalla sosta al Muro della Preghiera.

Quando i gruppi chiedevano notizie del doloroso contendere su luoghi, diritti, espressioni religiose in Terra Santa, con esempi concreti di collaborazione tra ebrei e palestinesi aiutava gli ascoltatori a rimanere silenziosi e interiormente ancora interroganti di fronte alla sofferenza presente in ogni parte in causa. Quasi un invito a partecipare alle speranze che hanno nutrito ogni popolo durante la propria storia, e che anche oggi sorreggono la fatica a essere popolo e nazione che rispetta i diritti e cerca la pace.

Ci si può domandare per quali ragioni Martini abbia posto Gerusalemme tra le città significative per la sua vita. Lo scopriremo forse poco alla volta, interrogando la sua vasta eredità di scritti e discorsi. Certamente se ne può fare un'esplorazione ricordando le ragioni ideali e simboliche legate alla vocazione e poi alla vita di sant'Ignazio di Loyola, fondatore della Compagnia di Gesù. Il Santo ci spiega che andare a Gerusalemme era per lui una sorta di partecipazione alla vicenda degli apostoli. Una volta giuntovi, però, fu costretto ad abbandonarla forzosamente e a malincuore.

Penso all'importanza che il cardinale ha sempre dato al fatto che il concilio ecumenico Vaticano II abbia chiesto a tutti i cattolici di attuare uno stile nuovo di rapporto con la comunità ebraica. Quali incomprensioni, infatti, e quali tragedie hanno segnato i secoli dell'era cristiana! È sempre tardi per vivere il rispetto e la riconoscenza per il dono dell'ebreo Gesù.

Penso infine all'amore per la riconciliazione tra due popoli vicini e divisi. Il cardinale rifletteva con calma sull'impossibilità di prendere posizione a favore dell'uno o dell'altro, da parte sua, italiano e cattolico. La complessità dei motivi storici e attuali che dividono le due comunità deve essere affrontata con la preghiera, secondo la bella immagine che ci aveva una volta proposto: intercedere, cioè camminare in mezzo, tenendo le mani e le braccia sulle spalle di coloro in mezzo a cui cammini.

Per questo gli stava a cuore rilevare l'abbondanza di preghiera che si leva a Gerusalemme, oggettivamente, per la causa della pace e della riconciliazione. In questo preciso contesto Martini amava spesso anche citare le organizzazioni miste, di arabi e di ebrei, che operano per la pace. Ci sono semi di pace in questa città, amava ripetere.

Da ultimo, ma non meno importante, ritengo che la scelta di andare a Gerusalemme facesse parte di una strategia di distacco non solo da Milano, ma anche da una posizione che di fatto era per lui di grande evidenza nella comunità cattolica. Come non abbandonare il suo impegno di testimonianza e tuttavia sparire dalla scena pubblica del cattolicesimo italiano e mondiale? Sappiamo quali speranze si appuntassero su di lui, in maniera peraltro ingenua o talvolta strumentale. Se ci si bada bene, la soluzione è appunto quella di stare a Roma, o nelle vicinanze, per qualche mese, e poi rimanere a Gerusalemme per altri mesi. Così, spesso, chi lo cercava a Roma si sentiva dire che era a Gerusalemme, e ciò gli consentì di diventare "marginale" in entrambe le località. Ed ebbe modo di svolgere il suo ministero in una semplicità che rendeva ancora più convincente e sostanzioso il suo messaggio.

Mentre il tempo ci allontana dalla sua dipartita da noi, sempre più chiaramente mi appare come questa dimensione dell'autenticità personale, che vuol dire trasparenza e disponibilità di incontro, costituisca la caratteristica principale del cardinal Martini.

L'aver avuto il dono di vivere più di dieci anni a contatto diretto con lui mi ha consentito di apprezzare quanto il rapporto con una persona sensibile, intelligente e aperta – certo per doti personali, ma anche per decisa esperienza spirituale – possa testimoniare il Vangelo e avviare una nuova modalità di pensare la Chiesa.

Faccio solo un elenco di temi e azzardo qualche riflessione. Nell'agire e nel vivere l'autorità del cardinal Martini ho sempre visto un grande rispetto per le persone, la loro individualità, le loro scelte di dedizione. In ciascun destino umano che incontrava, mi pareva di intuire, Martini vedeva sempre l'opera dello Spirito.

Vi era, nel cardinale, uno sguardo sereno e fiducioso a proposito della vita della società e della Chiesa, e ciò si coniugava con una capacità di lettura realistica, talvolta addirittura fortemente critica, della realtà del Popolo di Dio.

Il suo sguardo sulla comunità cristiana e la sua opera, e certamente la sua preghiera, andavano nella direzione di privilegiare una Chiesa libera perché sciolta da schemi ideologici, da angusti orizzonti di utilitarismo o di efficienza, da condizionamenti e da volontà di potere o di apparire. Desiderava che fosse una comunità di persone capaci di servire, in particolare le povertà.

Sono persuaso che tutto questo nascesse dal desiderio di incontrare Dio, da ascoltare, da conoscere, di cui parlare. Penso a come una volta il cardinal Martini, a tavola, mentre si parlava delle trovate dei bambini, ci descrisse la sua avventura personale: ragazzetto che a dieci anni va per le librerie di Torino con qualche lira – di quei tempi – per comprare il libro in cui gli è stato detto che ci sono le parole di Dio. Oggi sappiamo che non ha più smesso quella investigazione ingenua e insieme fondamentale. E il bello è che ha conquistato alla sua ricerca anche molti di noi, credenti e non credenti.

Padre David M. Neuhaus, vicario del Patriarcato Latino di Gerusa-
lemme per i cristiani di espressione ebraica, ebbe l'occasione, in quanto
gesuita, di vivere a stretto contatto con Martini durante la sua perma-
nenza nella Città Santa. Dalle sue parole emerge un ritratto del cardi-
nale frutto di una quotidianità silenziosa e discreta, contraddistinta da
rapporti semplici e da una presenza umile eppure importante. [1]

Non avevo mai incontrato il cardinale Carlo Maria Martini
prima del giorno in cui venne a vivere con noi nella comunità
dei gesuiti di Gerusalemme. Naturalmente avevo sentito molto
parlare di lui. Era un mito per tutti i gesuiti della mia generazio-
ne: principe della Chiesa, arcivescovo della diocesi più popolosa
del mondo, brillante intellettuale, autore prolifico e autentico gigante dal punto di vista spirituale.

L'uomo in carne e ossa che ci si presentò a Gerusalemme
era semplice, umile e schivo. A tradire in qualche modo la sua
grandezza era lo sguardo penetrante. I suoi occhi sembravano
cogliere ciò che è nascosto e percepire la realtà profonda oltre
le apparenze superficiali. Gli chiesi: «Eminenza, come dobbiamo
rivolgerci a lei?». Sorrise e rispose dolcemente: «Padre Carlo».

Martini venne tra noi, gesuiti di Gerusalemme, essenzialmen-
te come un confratello. Nelle conversazioni tra di noi, ascolta-
va sempre con attenzione prima di prendere la parola e quando
parlava era per proporre, piuttosto che per imporre. Ben presto
scoprimmo che la sua presenza, anziché incombere sulla nostra

---

[1]   Traduzione dall'inglese a cura di Giampiero Sandionigi.

libertà con la sua grandezza e statura, facilitava la comunicazione. Era capace di avvicinarci gli uni agli altri, con una paternità spirituale che silenziosamente divenne evidente. Il suo sguardo affascinante e penetrante ci provocava a ripensare, riformulare e rinnovare costantemente il nostro impegno.

Scoprire la routine quotidiana a Gerusalemme lo riempiva di gioia. Entusiasticamente intraprese di nuovo i suoi studi di ebraico, in qualche occasione celebrando anche la Messa in quella lingua. Cercava di entrare in comunicazione con il mondo circostante, a partire da quello ebraico, che lo aveva sempre affascinato. Non solo invitava una grande varietà di persone a fargli visita – accademici e studiosi, attivisti sociali e persone semplici –, ma lui stesso si recava a trovarli nelle loro case e nei loro ambienti.

Serbava il desiderio di imparare con la vitalità tipica di un giovane. Si aprì anche alla realtà palestinese e cercò di informarsi sulla situazione. Si impegnò con l'Università di Betlemme, dalla quale accettò di ricevere una laurea *honoris causa*. L'ateneo gli intitolò anche un centro per la formazione di nuovi leader.

Non accettava di starsene seduto come uno spettatore che legge la realtà con formule semplicistiche, per comodità o preconcetto. Martini si immergeva nel mondo, allargando continuamente i propri orizzonti. Il principio del *magis* – della maggior gloria di Dio (sempre più grande e superiore, mai sufficiente) – lo coinvolgeva totalmente. La sua era una curiosità che rivelava un amore profondo per l'umanità e un inesauribile desiderio di saperne di più su ognuno dei figli di Dio.

Gerusalemme era per lui la città della Parola, quella Parola che Dio ha pronunciato nella storia e che continua a rivolgere all'umanità creata a Sua immagine, ma distratta e confusa. Gerusalemme, città della Parola incarnata e rifiutata, crocifissa e risorta. Martini amava camminare per le sue strade e immergersi nella sua vita. Gerusalemme, diceva, è la casa di ogni cristiano e lui qui si sentiva a casa. Percorrere queste strade era come pregare, perché questa era per Martini la città della Parola per eccellenza, i suoi passi qui come quelli di colei che segue le orme dell'amato (per usare un'immagine dal *Cantico dei Cantici*) o di Maria Maddalena che va alla tomba a cercarlo.

Quando non incontrava le molte persone che venivano a fargli visita, non andava a trovare qualcuno dei suoi molti amici, o non calcava le vie della città amata, Martini era nella sua stanza a studiare la Parola. Dopo lunghi anni di servizio pastorale alla Chiesa, in questa sua ultima stagione poteva finalmente tornare a immergersi nel mondo della Bibbia, meditando sulla lettera della Sacra Scrittura. Da eminente studioso, era costantemente alla ricerca di nuovi livelli di comprensione, di nuove occasioni per incontrare il Verbo incarnato nelle parole del testo sacro. Studio, preghiera e ricerca spirituale diventavano un atto di comunione con il Signore, una ricerca di Lui, un incontro intimo, un cammino condiviso con Lui.

C'è un elemento che riassume tutte le attività che Martini ha intrapreso negli ultimi anni della sua vita: l'intercessione. Venne a Gerusalemme per dedicarsi alla preghiera, specialmente alla preghiera per la pace nel mondo, nella regione mediorientale e in Terra Santa. Una pace, questa, che dovrebbe cominciare a Gerusalemme e da lì diffondersi fino ai confini del mondo. L'intercessione costante fu al cuore dell'ultima stagione martiniana a Gerusalemme.

Nessuna riflessione su quegli anni a Gerusalemme sarebbe completa senza un riferimento alla malattia. Esplicitamente e coscientemente, Martini venne a Gerusalemme per prepararsi alla morte, al suo ritorno alla Gerusalemme celeste. L'infermità la sopportava non solo con pazienza e coraggio, ma anche con una sempre rinnovata spiritualità di preparazione all'incontro con il Signore. Con grande umiltà si abbandonò alla progressiva perdita di controllo sul proprio corpo, confidando nella misericordia di quel Dio al cui servizio ha posto tutta la sua vita.

INDICE